Biblioteca de Filosofía del Derecho

Carlos Alarcón Cabrera
(Director)

Carlos Antonio Agurto Gonzáles
Sonia Lidia Quequejana Mamani
(Coordinadores Generales)

FRANCESCO CARNELUTTI
Profesor de la Universidad de Roma

ARTE DEL DERECHO

Ediciones Olejnik

ARTE DEL DERECHO

© Ediciones Olejnik
Huérfanos 611, Santiago-Chile
E-mail: contacto@edicionesolejnik.com
Web site: http://www.edicionesolejnik.com

1ª Edición
ISBN: 978-956-392-075-8

Diseño de Carátula: Ena Zúñiga
Diagramación: Janett Ruiz Rebaza

Impreso en Argentina 2018 Printed in Argentina

Índice

Prólogo

El jurista Francesco Carnelutti nació en Udine, región de Friuli-Venezia Giulia, el 15 de mayo 1879, o sea en el norte de Italia el límite con Austria y Eslovenia, y falleció en Milán, Lombardia el 8 de marzo de 1965, a los 86 años, a una edad avanzada, siendo un gran jurista italiano y del mundo, y además un jurista singular, porque sus estudios no se centraron solo en el ámbito civil sino también en el ámbito penal, pasando por el derecho comercial y obviamente el proceso civil, por donde la mayoría de los estudiantes del derecho tienen el primer contacto con el jurista, siendo de lectura obligatoria hasta nuestros días.

Pero...¿por qué?. Para responder tal pregunta se requiere no solo revisar su obra sino también su vida, ya que las vivencias de una persona es la que influye en el desarrollo de su pensamiento que es plasmado en sus obras.

Es conocido que fue profesor en la Universidad Bocconi de Milán (1909-1912), la Universidad de Catania (1912-1915), la Universidad de Padua (1915-1935), la Universidad de Milán (1936-46) y la Universidad de Roma (1947-1949) y que en 1924 fundó y dirigió la revista de Procedimiento Civil. Asimismo, participó en los trabajos preparatorios de Código de Enjuiciamiento Civil de 1942.

Si uno se pone a pensar qué pasó en dicha época de carácter relevante advertirá que siempre se mantuvo enseñando durante el transcurso de la Segunda Guerra Mundial siendo un evento que inevitablemente afecta a las personas que vivieron dicha época, y más cuando Italia era parte del triple entente, que tuvo activa participación en dicha guerra, junto a Alemania y Japón, y donde nació el fascismo (que decantó en nazismo).

A pesar de tal contexto, no se detuvo y dedicó su vida a la academia, llegando a ser un escritor prolífico de varios textos jurídicos desde 1910 con Lezioni di diritto commerciale, Infortuni sul lavoro en 1913-1914, la prova civile en 1915, Studi di diritto civile en 1916, Studi di diritto industriale en 1916, Poteri e doveri del giudice in tema di perizia en 1916, Studi di diritto commerciale en 1917, Studi di diritto processuale entre 1925-28, Del processo di cognizione en 1926), Il danno e il reato en 1926, Lezioni di diritto processuale civile en 1929, Teoria generale del reato en 1933, Teoria giuridica della circolazione en 1933, Teoria del falso en 1935, Teoria del regolamento collettivo dei rapporti di lavoro en 1936, Sistema del diritto processuale civile en 1936-38, Teoria cambiaria en 1937, Metodologia del diritto en 1939, Teoria generale del diritto en 1940, Interpretazione del Padre nostro. Il poema di Gesù en 1941, La strada en 1941, Istituzioni del nuovo processo civile italiano en 1942, Meditazioni, 1942, Tumminelli Mio Fratello Daniele en 1943, La strada en 1943, Il problema della pena en 1945, La storia e la fiaba en 1945), Dialoghi con Francesco en 1947, hasta la llegada del Arte del diritto en 1949.

No cabe duda que su doctrina ha sido base para la construcción de un nuevo sistema procesal.

Sin embargo, existe parte de su vasta obra que la dedica a repensar filosóficamente el devenir del derecho y la realidad, analiza la dimensión moral y filosófica del Derecho, valiéndose de la metáfora y de su relación con el arte, aunado quizás por el tiempo de guerra que le tocó vivir tan cercanamente.

A la obra que me refiero es la presente: El arte del derecho, donde se pregunta los elementos básicos del mundo jurídico: ¿QUÉ ES EL DERECHO? ¿QUÉ ES LA LEY? ¿QUÉ ES EL HECHO? ¿QUÉ ES EL JUICIO? ¿QUÉ ES LA SANCIÓN? ¿QUÉ ES EL DEBER?

Como se puede apreciar, no son preguntas sencillas de responder, aún para el más versado de nuestros juristas en la actualidad, pero sí necesarias, ya que la noción correcta de dichos términos puede mejorar tu percepción respecto a la resolución de conflictos o de lo contrario, generarlos.

De ahí que radica la importancia y vigencia de esta obra, en la cual a través del pensamiento de Carnelutti, se podrá entrar a la meditación filosófica sobre los temas fundamentales del derecho y poder apreciar una idea idónea que coadyuvará a formarte tu propia concepción, bajo una noción humanista y se podría decir poética.

En efecto, la respuesta a la definición del derecho ha sido discutida desde su acepción como disciplina y como una situación jurídica. En el marco de la disciplina, Carnelutti recurre a su explicación con "el arco sin armadura" y su vínculo con el Estado, señalando que "*El Estado de Derecho no es el Estado perfecto más de lo que pueda ser perfecto el arco antes que los albañiles lo hayan construido*" teniendo una visión particular de la definición.

Por otro lado, toma en cuenta el lado del hombre económico y el hombre moral para establecer que el puente que los une es el derecho, situación especial, porque actualmente los propulsores del análisis económico del derecho parte solo de un lado de la orilla, y no toman al derecho como el puente, lo cual hace que se recomienda la lectura de Carnelutti a los afiliados a la ideología del *homo oeconomicus*.

Asimismo, una vez evaluado el derecho, Carnelutti analiza la ley, partiendo que es diferente al derecho, lo cual ahora todos sabemos que es diferente, pero el jurista incide en que existe ley jurídica y ley natural, por la cual se esboza sus semejanzas y diferencias, para hacer notar a los lectores, que no es exacto una oposición diametral, como pudiera enseñarnos el positivismo jurídico, invitándonos a apreciarlo desde otro punto de vista.

Otro asunto importante que desarrolla es el hecho, que no se opone al derecho sino a la ley, o así algunos lo considerarían, pero es la misión de la ley comprimir el hecho, a lo cual Carnelutti desarrolla de manera genial el surgimiento de la palabra *factispecies,* por lo que se recomienda de forma doble la lectura de la definición, ya que dicha palabra es la más usada académicamente desde los estudiantes de derecho, y es aquí en esta obra donde se explica y se comprende de mejor manera.

Ello generó que partiera el jurista del hecho a la ley, y no la ley al hecho, dando crédito al derecho penal que han profundizado por primera vez en este aspecto.

Sin permitirse dejar su lado procesalista, que nos tiene acostumbrados el gran jurista, Carnelutti se hace la pregunta ¿Qué es el juicio?, y para ello parte de diferenciar entre el Derecho Procesal del Derecho Material y que es fundamental para el estudio del Derecho, y entre juicio y proceso, siendo el juicio el que complementa el triángulo compuesto por dos partes.

El jurista no se detiene en analizar el juicio sino cómo formarse un juicio, y ello solo podría hacerse a través de las pruebas, e ir más allá, lo cual hasta el día de hoy se realiza o se tiene que realizar para poder llegar a la formación de los hechos y por ende a la verdad. Así, resulta vigente este pensamiento que busca enlazar la ley y los hechos, como deber de todo juez y no basarse solo en la ley, llamado que actualmente resulta imperioso a nivel de nuestra judicatura nacional, en que no se debe olvidar el papel de los jueces, a quienes se les invita a la presente lectura.

Y luego del juicio ¿qué sigue?, puede ocurrir la resolución de un conflicto o también puede acarrear una sanción para una de las partes, que se desdobla en restitución y pena, pero el jurista no parte de polarizar y considerar a ambos, el cielo y el infierno, como suele hasta el día de hoy pensarse respecto al derecho civil y el derecho penal, sino trata de humanizar la pena, que no está destinada a privar libertad sino proveerla.

Esta apreciación no suele escucharse a menudo hoy en día, aun entre los penalistas, lo que conlleva a tomar en cuenta este análisis del jurista, para tener otra visión respecto a la noción de pena, que incide en la formulación de las políticas públicas.

Por último, y en relación a los conceptos analizados, Carnelutti desarrolla su perspectiva del deber, que es el elemento fundamental del Derecho, porque es su elemento unitivo, y lo hace a través de metáforas, para poder comprender cabalmente la noción filosófica del deber.

Estas reflexiones sobre estos conceptos no tienen el afán de sentar una definición concluyente, pero sí establece el derrotero a seguir, para una mejor comprensión tomando en cuenta la moralidad en muchas oportunidades, que permite proteger al necesitado, o no pensar solo para sí mismo.

Esta forma de pensar el derecho, como disciplina, es necesitada hoy en día, para no perder la perspectiva y la instrumentalización del derecho para el acceso a la justicia.

No se debe perder de vista que a la fecha de elaboración de esta obra, el jurista ya había demostrado sus conocimientos jurídicos en distintas ramas del derecho, por lo que esta obra no un primer pensamiento, sino un repensamiento de conceptos aplicados, justamente surgidos cuando aplicaba en su actividad profesional o académica, cuestionando los conceptos predeterminados, que guardan una ideología y filosofía detrás, y buscando otros sustentos o una forma de pensar distinta.

Nosotros mismos nos hemos seguramente hoy en día preguntado si lo estudiado o aplicado resulta correcto, no solo desde el punto de vista legal, por lo que estoy seguro que las inquietudes surgidas tendrán un gran apoyo y acompañamiento con las reflexiones expuestas por Carnelutti en esta obra, donde conjuga la teoría del arte con la teoría del derecho.

Asimismo, resulta oportuno indicar que la vida de Carnelutti a través de esta obra se puede conocer, y es que la reflexión filosófica que hace, traspasa los límites del tema jurídico, y comprende todas las reflexiones de vida. Así, puede encontrarse a un ser humano preocupado y crítico, de los modelos imperantes de le época, abierto a otras ideas, y nutrirse de ejemplos de los penalistas, en aras de mejor su propia visión global del derecho.

Bajo tal apreciación, no cabe duda que influirá en el lector y le hará surgir el pensamiento crítico, respecto a estas cuestiones del derecho que se aplican de manera transversal en todas sus disciplinas, por lo que no está circunscrito a personas con interés en derecho civil o proceso civil, sino que incide en la misma teoría del derecho y de la justicia.

Se termina estas líneas agradeciendo, como resulta lógico y natural, al autor de esta obra, gran jurista del siglo XX, que hasta hoy sus pensamientos son necesitados y de vigencia ineludible para una adecuada formación jurídica.

Oreste Gherson Roca Mendoza*

---

* Abogado por la Universidad Nacional Mayor de San Marcos. Magister en Derecho Civil por la Pontificia Universidad Católica del Perú. Asesor Legal del Gabinete de Asesores del Ministerio de Justicia y Derechos Humanos. Miembro del Taller de Derecho Civil "José León Barandiarán". Ha seguido estudios de especialización en Negocio Jurídico, Contratos y Responsabilidad Civil, Gestión Pública y Derecho Administrativo. Autor de diversos artículos en obras colectivas y en revistas especializadas. Autor del libro: Ineficacia de los actos del deudor por fraude a los acreedores. 1ra Edición. Lima: Gaceta Jurídica, 2013. Ha participado como expositor en diferentes cursos, seminarios y diplomados en temas de Derecho Civil y Derecho Administrativo. Ha sido miembro de la Comisión Intersectorial de Derecho Internacional Privado encargada del estudio de los temas tratados en la Conferencia de La Haya sobre Derecho Internacional Privado y ha sido Secretario Técnico del Grupo de Trabajo encargado de revisar y proponer mejoras respecto a la Ley General de Sociedades y otras normativas en materia de personas jurídicas mercantiles.

Introducción

Hace muchos años adopté la fórmula *Arte del Derecho* como título de la conmemoración de Vittorio Scialoja, el más grande de los juristas italianos del último tiempo. La calificación de artista entonces me pareció dar la medida de su grandeza.

Desde entonces, esta idea de relación entre el Arte y el Derecho no dejó ya mi pensamiento. Cuando una idea está concebida, su desarrollo no depende ya del poder del pensador. Un libro nace como nace un árbol, porque el viento lleva la semilla a la tierra. Pero antes de que la semilla se convierta en árbol, debe pasar mucho tiempo.

Desde entonces mucho tiempo pasó. Continúe, durante este tiempo, estudiando el Derecho. Luego, en un cierto momento, se hizo en mí la necesidad de ordenar las ideas en materia de Arte. Eran, todavía, Arte y Derecho, dos objetos separados de mis meditaciones. Su unión, que se había realizado, fugazmente, en la vida de un jurista, quedó largamente escondida a mis ojos. Una sorpresa fue solamente que los mismos conceptos sirvan para presentar ambos fenómenos, del Arte y del Derecho. Esta sorpresa la manifesté en el primer volumen de una obrita, que se intitula, precisamente, *Meditaciones*.

Luego llegó el tiempo de mi venturoso tránsito desde el Derecho Civil hacia el penal. Sobre este último terreno, el drama del Derecho aparece con caracteres mucho más marcados y el nudo del drama se manifiesta, como veremos, en la lucha de la ley y del hecho. No existe en la ciencia jurídica civil un duelo, como el de los dos paladines del hecho y de la ley, Enrico Ferri y Arturo Rocco, naturalmente porque no existen las condiciones para exaltar a los combatientes. Necesitaba la luz de un cielo tropical para alumbrar esta lucha y su resolución.

Finalmente advertí que estudiar el Derecho y el Arte significa atacar desde dos lados diversos el mismo problema. Por desconcertante que sea esta afirmación, llegó para mí el momento de hacerla. El mismo problema, digo, bajo el perfil de la función y de la estructura.

••••

El Arte como el Derecho sirve para ordenar el mundo. El Derecho como el Arte tiende un puente desde el pasado hacia el futuro. El pintor, cuando escrutaba el rostro de mi madre para pintar el retrato que, más que cualquiera otra obra, me mostró el secreto del Arte, no hacía más que adivinar. Y el juez, cuando escruta en el rostro del acusado la verdad de su vida para saber lo que la sociedad debe hacer de él, no hace más que adivinar. ¡La dificultad y la nobleza, el tormento y el consuelo del Derecho, como del Arte, no pueden representarse mejor que con esa palabra! Adivinar indica la necesidad y la imposibilidad del hombre de ver lo que ve solamente Dios.

Aunque yo sienta profundamente la verdad de esa idea, no se me ocultan las dificultades así como los peligros, que presenta su explicación. Pero dificultades y peligros me han tentado siempre. Y me seduce, ante todo, el deseo de dedicar a los juristas de América Latina y a sus Facultades de Derecho (donde nuestros hermanos de lo que, nosotros europeos, continuamos llamando el nuevo mundo, se unen con fuerzas juveniles a nuestro antiguo trabajo) algunas páginas que me ha inspirado la eterna hermosura del Derecho.

Pido indulgencia por el atrevimiento de haber escrito estas páginas en español, aunque casi no conozca el idioma de Don Quijote, sujetando el manuscrito solamente a las correcciones ortográficas y gramaticales.

Hay dos razones de esta temeridad. La primera se refiere al peligro de la traducción. Por grandes que sean las condiciones y el cuidado del traductor, una pérdida de la fuerza expresiva es inevitable como una dispersión en la transformación de la energía. Aunque el estilo de este librito desgraciadamente no pueda ser el de un español, sin embargo, es mi estilo.

Esto es verdad, pero no toda la verdad. Debo añadir, bajo pena de no ser sincero, que, habiendo comenzado a escribir en español por ejercicio, he continuado por placer. Algo semejante me acaeció cuando, hallándome refugiado en Suiza, en 1944, escribí *La guerre et la paix*. No puede contarse fácilmente tal aventura. Se siente como una expansión de la personalidad. ¡Milagro de la palabra! No tan sólo no se habla sin pensar, sino que no podemos pensar más que hablando. Mientras no se encarne, el pensamiento no es tal pensamiento. Pues no tanto se habla cuando se piensa español. Ahora quien conoce la voluptuosidad del pensar comprende la tentación.

Puesto que no supe resistir, pequé. Y para borrar el pecado no hay más que dos medios: la pena o el perdón.

¿Qué es el Derecho?

La primera de las preguntas, que pueden servir para conocer a un jurista, concierne, naturalmente, a lo que es el Derecho. Supongo que mis amigos americanos tengan también al respecto esa curiosidad y me apresto a satisfacerla. Justamente en la transformación de mis ideas acerca de este argumento mi vida de jurista adquirió su plena significación.

Antaño, cuando yo era todavía joven, y, como se dice, mis estudios estaban frescos, a una pregunta semejante hubiese contestado con una definición muy precisa; pero mudaron muchas cosas a lo largo de mi vida. Acaso yo no olvidé todavía la definición que me enseñaron en la universidad; pero lo que se debilitó en mí es la fe en el objeto de la definición.

Ahora yo no creo poder contestar a la pregunta sino valiéndome de un parangón. Pero no estoy tampoco seguro de saber más de lo que es el Derecho, lo que es propiamente un parangón; o al menos lo que es la función del parangón. Por lo tanto, no alcanzo a explicarlo sin otro parangón. ¿El parangón del parangón? Justamente así. El hombre cuando piensa, hace la misma cosa que cuando camina. Hay carreteras de llanura; hay carreteras de montaña. Y ¿cómo se desarrollan las carreteras de montaña? En la llanura el caminante puede marchar derecho; pero en la montaña debe hacer lo que los franceses llaman los *tourniquets*. He aquí el parangón. Hay también en el terreno del pensamiento carreteras de llanura y de montaña. Este camino, que debía acabar en el concepto del Derecho, es un rudo sendero montañoso. De ahí, al menos para mí, que no soy un famoso alpinista, la necesidad de las vueltas.

El concepto del Derecho, como saben todos, se liga estrechamente al concepto del Estado. Probablemente para saber qué es el Derecho debemos preguntar qué es el Estado. La ascensión al menos se presenta más cómoda desde esta parte.

En efecto, Estado es una palabra más transparente que Derecho. Una vez he oído a un crítico decir que Miguel de Unamuno era un "rompedor de palabras". Yo no sé si esta calificación es exacta; de todas maneras, no creo que haya necesidad de romper las palabras o, al menos, ciertas palabras cuando dejan ver, como un vaso de cristal, su contenido. Una palabra cristalina es, precisamente, *Estado.* El verbo latino *stare* es lo que se ve a través del cristal; y con eso transparenta una idea de firmeza, de lo que *está.* El pueblo, en cuanto logra una cierta firmeza, se convierte en Estado. Entre el pueblo y el Estado se encuentra la misma diferencia que entre los ladrillos y el arco de un puente. El Estado es verdaderamente un arco; veremos, más tarde, cómo se llaman las riberas, que se juntan por medio de él.

Hay, sin duda, una fuerza que mantiene a los ladrillos unidos en el arco. Pero esa fuerza no obra hasta que el arco se haya terminado. ¿Y cómo se hace para terminarlo? He aquí el problema. Los ingenieros saben que el arco, mientras se construye, necesita la armadura. Sin armadura el arco puede resistir después que lo han hecho; pero antes, si la armadura no lo sostuviera, el arco se precipitaría a tierra.

El Derecho es la armadura del Estado. El Derecho es lo que se necesita para que el pueblo pueda alcanzar su firmeza.

Ahora la palabra *derecho* empieza también a dejar ver su contenido. El cristal estaba un poco empañado; nuestras reflexiones han servido para limpiarlo. Acaso una palabra todavía más clara es la latina *ius.* Yo creo que el latín es el más transparente de todos los idiomas del mundo. Los glotólogos hasta ahora no han descubierto el vínculo entre *ius* y *iungere;* sin embargo, no dudo de que en la misma raíz de estas dos palabra se manifieste una de las más maravillosas intuiciones del pensamiento humano. El *ius* une a los hombres como el *iugum* liga a los bueyes y como la armadura a los ladrillos.

Un poco menos clara es la palabra *derecho;* pero la misma también contiene la idea del vínculo; ¿no es la recta una línea que une dos puntos? Los puntos son los hombres, que forman el pueblo; y la línea, precisamente, el vínculo, que los tiene unidos en un solo conjunto.

Yo sé bien que, en este momento, brota en la mente de los que me leen, una grave objeción: aunque el parangón del Estado con el arco del puente sea agradable, no puede ser exacto puesto que la armadura está destinada a caer después que el arco haya sido terminado; pero el Derecho, al contrario, está destinado a durar. El Derecho ha existido desde que el mundo es mundo, y, mientras el mundo sea mundo, deberá existir.

¿Verdad? Aquí está mi duda; más bien y sinceramente, mi opinión. Yo creo en la eternidad del Estado o, más exactamente, en la duración del Estado hasta el fin del mundo; pero Estado y Derecho no son lo mismo, al menos si esta última palabra se toma en su significado más amplio y puro: el Estado es el arco, que puede estar con o sin armadura; jurídica se llama esta especie del Estado que la necesita; pero no puede afirmarse que esta necesidad valga para el Estado más que para el arco y, por lo tanto, que el *Estado jurídico* sea la forma única y perfecta del Estado; tan sólo nuestra soberbia de juristas nos permite ver en el Estado, como actualmente existe, algo semejante a un arco perfecto.

¿Hay, pues, la posibilidad de un Estado puro, es decir, de un Estado sin Derecho? ¿Cómo no? ¿No hay la posibilidad de un arco sin armadura? Puede, sin embargo, parecer que aquí el parangón me conduzca lejos de la carretera. Naturalmente, es posible; y para asegurar si estamos o no estamos bien orientados no conozco otro medio que hacer como el capitán de la nave que pregunta a las estrellas. Dos estrellas pueden mostrarnos el recto camino: la experiencia y la razón.

Un arco sin armadura es, según nuestro parangón, un Estado sin Derecho. La historia, diréis, no conoce nada semejante. Yo podría contestar que la historia presenta, sin embargo, Estados, que necesitan Derecho más o menos; y ésta es también una experiencia de mucho valor: por ejemplo, Inglaterra y Alemania podrían útilmente compararse bajo este perfil. Pero se trata de un principio de evolución, que no está todavía lo suficientemente maduro para poder fundar una conclusión segura.

Más bien conviene observar el Estado en sus formas microscópicas, es decir, en las formas originarias, de donde sacó su vida. Esta forma microscópica y originaria del Estado se llama *familia*. *"Prima societas in coniugio est"* dijo Cicerón; sin embargo, más exacto fuera si hubiese dicho: *"prima respublica"*, en lugar de *"prima societas"*; *respublica,* en efecto, y no *societas* significa *Estado*. Y la *familia romana* era verdaderamente un Estado en miniatura: ¿por qué no decir la semilla del Estado? El *pater familias* nos presenta la figura, más bien que de un padre, de un jefe; mucho menos el poder generativo que el poder jurídico, en su forma más rigurosa, como *ius vitae et necis,* es su carácter. Entonces, diréis, si en el poder jurídico está el carácter verdadero de la *familia,* hay aquí también derecho; y el arco de la familia necesita la armadura, la familia romana, sin duda; y la familia moderna, también, si es una familia pagana; no veo, desgraciadamente, ninguna oposición entre modernidad y paganidad. Sin embargo, al lado de la familia romana y de otros tipos de familia antigua, hay también la familia cristiana, la que no se caracteriza por la presencia, sino, al contrario, por la ausencia del Derecho; cuando las relaciones entre el marido y la mujer o entre los padres y los hijos se regulan por la fuerza del Derecho, no merecen el nombre de familia cristiana; y es sabido que no basta llamarse cristiano para ser lo que significa este apelativo. Puede ocurrir que no todas las familias cristianas de nombre sean cristianas de hecho; no podemos, sin embargo, negar la existencia de familias de tal manera unidas, entre el cristianismo y también alguna vez fuera de esté, que no requieren ya la armadura del Derecho. Los arcos sin armadura son raros todavía; pero el pensador los observa con atención y con maravilla viendo en ellos el principio del Estado en su puridad.

Atención, dije, y maravilla. También el campesino, mirando a los albañiles, cuando sacan la armadura del arco, después que lo han terminado, se maravilla porque no ve lo que ocupa el lugar de este sostén exterior y cree, en su ignorancia, que no exista nada que los hombres no puedan ver. El campesino no es hombre de ciencia; pero bajo un cierto perfil no encuentro una diferencia esencial entre los labradores del derecho y los del campo. ¿Dónde está, en efecto, el jurista que se preguntó cómo puede un conjunto de hombres estar unido sin el apoyo de la armadura, es decir del Derecho? Yo acabo por temer que, desde este lado, nosotros juristas valemos aún menos que un campesino, el cual, sin embargo, no sabiendo qué es lo que mantiene unidos a los ladrillos del arco sin armadura, sabe, al menos, que la armadura ha sido sacada; precisamente yo temo que sean muchos los juristas que no consideraron nunca, bajo esta luz, la estructura y, pudiera decir, el secreto de ciertos conjuntos sociales. También para la mayoría de nosotros, desgraciadamente, lo que no se ve no puede existir. No hace falta, sin embargo, una larga meditación para desarrollar este secreto.

¿Por qué el padre y el hijo cristianos, para regular sus relaciones, aún las más importantes relaciones, no necesitan Derecho? Porque, sencillamente, el padre ama al hijo y el hijo ama al padre. Ahora bien, la sabiduría del pueblo traduce *amar* por *querer bien,* es decir, *querer el bien del amado,* lo que no se explica de otro modo que reconociendo que el bien del amado es el bien del amante y recíprocamente. Así el bien del uno y del otro es el bien de la misma persona. Como los ladrillos se mantienen unidos, después que el arco está construido, en virtud de una fuerza interior, también una fuerza interior une a los hombres y hace de una muchedumbre una unidad: *universum,* dijeron los romanos, para significar el milagro de la *versio in unum,* es decir el de las partes que forman el todo. ¿Quién no oye, en este momento, la suave oración que para sus discípulos el Maestro dirige a su Padre: *ut unum sint?*

Yo no creo que sean necesarias otras palabras para explicar mi parangón; el Derecho es la armadura del Estado. Mientras falte la fuerza interior o, francamente, mientras falte el amor, la vida del Estado está en peligro, sin Derecho, como la existencia del arco sin armadura. En el Estado de Derecho no podemos ver, pues, la forma perfecta del Estado. Los juristas son víctimas, en este punto, de una increíble ilusión. El Estado de Derecho no es el Estado perfecto más de lo que pueda ser perfecto el arco antes que los albañiles lo hayan construido.

El Estado perfecto será, por el contrario, el Estado, que no necesite ya el Derecho; una perspectiva, sin duda muy lejana, inmensamente lejana, pero cierta, porque la semilla está destinada indudablemente a transformarse en el árbol cargado de hojas y de frutos.

La primera verdad, que estas reflexiones logran alumbrar, concierne a la naturaleza del Derecho. Los juristas modernos, es decir los juristas positivos tienen la costumbre de concebir el Derecho como ordenamiento del pueblo; justamente este concepto condiciona la identificación corriente del Derecho y del Estado. Pero bastaría un poquito de atención para advertir el equívoco; cuando el Derecho se concibe como ordenamiento jurídico, se confunde lo que califica por lo que es calificado; *jurídico* no significa más que *atañente al Derecho* y por eso no pueden ser lo mismo el sustantivo y el adjetivo.

••••

Derecho, pues, no consiste en el ordenamiento sino en *lo que ordena,* es decir que une o, de una manera más realista, que liga; y, por tanto, es una fuerza. Y en investigar cómo obra y, ante todo, adónde llega el primer paso está el descubrir esta verdad.

Fuerza, *dunamis,* decían los griegos. El contraste de la *estática* con la *dinámica* ilumina todavía más la relación del Derecho y del Estado. El primero no puede ser, como creen los modernos, lo mismo que el segundo precisamente porque no puede identificarse la causa con el efecto. Fuerza no significa más que la idoneidad de algo para transformar el mundo. Y el Derecho significa a su vez esa idoneidad. Mi propósito es conocer su curso y su fuente.

Una fuerza es el derecho; mas no la fuerza original. Al contrario, es una fuerza secundaria: lo que los alemanes acostumbran a llamar *Ersatz.*

¿Y cuál es la original? Aquí los juristas necesitan mirar la verdad cara a cara. Cuando en una familia el Derecho llega a ser superfluo, es decir cuando la armadura puede caer sin que caiga el arco, lo que ocupa el lugar del Derecho se llama amor. Una verdad, pues, que, igual al sol, alumbra las cosas, mas deslumbra los ojos. Y, por tanto, los juristas miran las cosas y no el sol; si lo mirasen sabrían que el original de ese subrogado no es más que el amor. Mientras los hombres no sepan amar necesitarán juez y gendarme para tenerlos unidos. Es decir: mientras los hombres no sepan amar hay que obligarlos.

He aquí otra palabra, que no necesita romperse para mostrar su contenido: un hombre obligado es un hombre ligado, y un hombre ligado no tiene libertad. Se sujeta el hombre, que no logra hacer el bien; y el bien verdadero no puede ser el bien de él solamente sino también de todos los demás. Los hombres, aún los juristas, hablan continuamente de libertad sin escrutar el fondo de esta inmensa palabra. Cuando logramos escrutarlo, una vez más nuestras ideas se invierten; y libertad, en lugar del poder de hacer lo que gusta, significa el poder de hacer lo que no gusta. Entre dos hombres, que no tienen sustento suficiente para uno y para otro, el más fuerte, cuando mata al más débil para comer él solo, no es libre sino siervo; no la fuerza para matar sino la fuerza para sustentar al otro, no obstante su propia hambre, merece llamarse libertad. La libertad, en suma, no es el poder sobre los demás, sino sobre sí mismo: no *dominium alterius* sino *dominium sui*. Es por lo que al antiguo aforismo *ubi societas ibi ius,* yo propongo añadir: *ubi libertad ibi non ius.*

Ahora bien, el parangón del arco, ayuda, sin embargo, a comprender más profundamente el valor del Derecho. Un arco, un puente, ¿cómo se llaman las riberas, he dicho al principio, que se juntan por medio de ello? Volvamos aún a tomar el caso de los dos hombres, que no tienen sustento suficiente para uno y para otro. El hombre más fuerte, que mata al adversario para comer solo, se califica rigurosamente *homo oeconomicus,* que no quiere cuidar nada fuera de sus intereses. A la izquierda del puente la tierra se llama, pues, *economía.* El hombre más fuerte, que deja el sustento al más débil, se califica, al contrario, *homo moralis,* que no puede separar el propio bien del de los demás. A la derecha del puente el hombre de la tierra es *moralidad.*

Dos opuestos que podemos representar con las figuras expresivas del lobo y del cordero: *homo homini lupus* y *homo homini agnus.* La humanidad no puede traspasar el abismo que separa las dos riberas, sin un puente tendido de la una a la otra. Este puente atrevidísimo toma el nombre de Derecho. Precisamente, una línea recta, que une dos puntos.

Pero los dos puntos representan dos tierras o, mejor dicho, la tierra y su opuesto. ¿Cómo se llama, pues, el opuesto de la tierra? Los hombres sencillos me han comprendido pensando simplemente que el Derecho ayuda al hombre en su camino fatigoso que asciende de la tierra al cielo.

¿Esto es, pues, el Derecho? ¿Y éste es el jurista, que quiere saber qué es el Derecho? No sabe, al fin, nada de preciso. Se expresa, en suma, más que como un docto como un poeta.

Precisamente aquí está la diferencia entre mi juventud y mi vejez de jurista. El joven tenía fe en la ciencia; el viejo la perdió. El joven creía saber; el viejo sabe que no sabe. Y cuando al saber se junta el saber que no se sabe entonces la ciencia se convierte en poesía. El joven se contentaba con el concepto científico del Derecho; el viejo siente que en este concepto se pierde su impulso y su drama, y, por lo tanto, su verdad. El joven quería los contornos cortantes de la definición; el viejo prefiere los matices del parangón. El joven no creía sino en lo que veía; el viejo no cree más que en lo que no se puede ver. El joven estaba a la izquierda; el viejo pasó a la derecha del puente. Y para representar esta tierra, donde los hombres se aman y amándose logran la libertad, tampoco sirve la poesía; el jurista quisiera ser músico para hacer que los hombres sientan este encanto.

¿Qué es la ley?

Los juristas de antaño no conocían ninguna diferencia entre *Derecho y ley.* En efecto, estos dos conceptos tienen, indiscutiblemente, un elemento común: la idea del ligar. Pero cualquiera, que tenga una cierta cultura, sabe que, mientras Derecho es un concepto exclusivamente jurídico, no se puede decir lo mismo de la ley, puesto que no solamente los juristas sino también los cultivadores de cada ciencia y, en primer término, de las ciencias naturales, emplean la misma palabra: naturalistas, físicos, químicos y astrónomos ante todo.

El primer perfil, pues, bajo el cual el problema de la ley debe ser examinado, concierne a la relación entre *ley jurídica* y *ley natural:* ¿se trata de dos especies del mismo género o, por el contrario, ley jurídica es un concepto totalmente diverso de ley natural?

Los juristas de hogaño tratan la ley jurídica no solamente como diverso sino como opuesto a la ley natural. Es la *reine Rechtslehre,* es decir la escuela pura del Derecho, la que logró purificar también el concepto de ley jurídica oponiéndolo al de ley natural: ésta concierne a *lo que es,* y aquélla a *lo que debe ser;* el primero, se diría, es un concepto *ontológico,* y *deontológico* el segundo.

Propiamente ley natural expresa un vínculo entre un *prius* y un *post;* los naturalistas, después de NEWTON, hablan de una *consecutio necessaria* de dos estados de la naturaleza: el primero anterior y, el segundo inmediatamente posterior. En estos términos la ley natural se identifica con la causalidad o, al menos, sirve para descubrir la causalidad: cuando dos estados de la naturaleza son necesariamente consecutivos, basta la existencia del primero para que el hombre pueda establecer la existencia del segundo. Así se comprende el supremo valor del descubrimiento de una ley natural: cuando posee una de esas leyes, el hombre puede abrir una ventana sobre el futuro. Ahora bien, si supuesta la existencia de un estado de la naturaleza, podemos establecer el estado consecutivo antes de que exista; ¿cómo no ver que también la ley natural expresa no tanto *lo que es* cuando *lo que debe ser?*

Kelsen, sin embargo, pensaba que el mundo natural fuera dominado por la causalidad y no por la finalidad: no hay nada de deontológico en la naturaleza. Bajo este aspecto son totalmente diversos, más bien opuestos, el mundo de las cosas y el mundo de los hombres, es decir la materia y el espíritu. Pero, aunque la escuela del Derecho puro no sea ciertamente antigua, mucha agua ha pasado bajo el puente desde que estas ideas han sido concebidas y, dócilmente, la mayoría de los juristas las han aceptado. En verdad, la evolución de las ciencias naturales en los últimos tiempos puede llamarse más propiamente una revolución. De una parte, es el mismo concepto de la ley, como *consecutio necessaria* de dos estados de la naturaleza, el que se mudó, sustituyendo la necesidad por la probabilidad y destruyendo así la fe en la infalibilidad de las leyes; de otra parte, la diferencia, más bien la oposición, entre la causalidad y la finalidad acaba por desaparecer y cada día más los naturalistas descubren, en los sectores más diversos, que lo que parecía una pura *consecutio causalis* es, más propiamente, una *consecutio finalis,* es decir que la causa y el fin se distinguen tan sólo en la mente limitada de los hombres, los cuales dicen *por qué* solamente porque no acaban de ver el *para qué,* oculto a sus ojos.

Es por eso por lo que, sin faltar al respeto a Kelsen y a su escuela, yo dudo de que el término primero de su definición opositiva de ley jurídica a ley natural sea verdaderamente exacto.

Lo que podemos ciertamente decir de la ley jurídica es que esta ley descubre más claramente la relación de finalidad en lugar de causalidad entre los dos miembros del conjunto. Este carácter se debe al hecho de que la ley jurídica ha sido construida por los hombres; así la misma se opone a la ley natural como ley artificial.

Sin embargo, bajo el perfil de la estructura, la ley jurídica y la ley natural se asemejan como dos gotas de agua. Hay en una como en otra un *prius* y un *post,* y la ley expresa el vínculo entre ellos. Cuando el naturalista dice: puesto que el hombre nació debe morir, es lo mismo que si el jurista declara: puesto que un hombre mató a otro hombre, debe ser matado. Pero el problema, acerca de la ley jurídica, es el del por qué los hombres necesitan construir leyes jurídicas al lado de las leyes naturales.

Yo creo haber meditado este problema a lo largo de toda mi vida. Ahora, en el punto que he alcanzado, osaría decir que esta razón es la misma por la cual los pintores y los poetas representan la naturaleza en sus cuadros o en sus versos. Esta proposición, sin duda, presenta un aspecto paradojal o al menos problemático y merece algunas explicaciones.

Mientras los naturalistas hicieron admirables progresos acerca de las leyes naturales, no les pasó lo mismo a los moralistas en lo que concierne a la ley moral. Naturalmente esta diferencia no puede carecer de razón; y, la razón se encuentra en la dificultad, incomparablemente más grave, que se opone a conocer el espíritu o el cuerpo. El medio necesario para conocer es el análisis; ahora bien, si la causalidad natural se deja separar en una multitud de leyes, de manera que los naturalistas no hablan nunca de *la ley* sino de *las leyes naturales,* para el moralista no parece posible un trabajo semejante; y así él continúa casi siempre hablando de *ley* y no de *leyes morales*.

Pero la inferioridad del estudio de la moralidad en comparación con la causalidad se manifiesta mucho más claramente en que los moralistas no logran concebir su ley como *consecutio necessaria* de dos hechos del espíritu; un *prius* y un *post*. El moralista se limita a tomar la conclusión y no pone las premisas.

Me explicó. El deber ser de la ley natural es, precisamente, la ilación de dos premisas: una, como dicen los juristas, de hecho y, otra, de derecho; el hecho, que constituye el *prius,* y el vínculo, que constituye la ley: el hecho es que un hombre nació; la ley establece que los hombres, que nacieron, morirán; por lo tanto, este hombre, que nació, debe morir. Al contrario, el deber ser de la ley moral carece de premisas; este modo de ser es, en el fondo, lo que Kant, sin saber explicarse muy claramente la dificultad, quiere demostrar hablando de la categoricidad de su imperativo.

Ahora bien, la falta de premisas ¿constituye un verdadero carácter de la ley moral, o, por el contrario, un fenómeno de miopía de los moralistas? No es un reproche, naturalmente, que yo quiera dirigir a esta ilustre clase de filósofos sino, más modestamente, una contribución, que acaso un jurista puede llevar a sus meditaciones.

••••

Probablemente la situación del jurista es más cómoda para observar los hechos del espíritu y, así, las relaciones entre ellos. Y, de los juristas, el penalista tiene, a este fin, las mayores posibilidades.

¿El penalista? Lo que trata el penalista, ¿no es el hombre, cuyo espíritu se deja dominar por el cuerpo? Precisamente; y es por eso por lo que el penalista observa la reacción del espíritu a esta opresión. Yo creo que el estudio del espíritu se hace mejor cuanto más el hombre se aleja de la mediocridad: solamente los dos opuestos, los santos y los canallas, ofrecen, a quienes observan, su alma desnuda. Aquellos son la luz; y éstos, las tinieblas; pero se necesitan las tinieblas para comprender la luz. Justamente hablé de la reacción del espíritu a la opresión del cuerpo. ¿Hay alguno que ignore cómo se llama esta reacción? Remordimiento. Una palabra estupenda. El perro muerde. ¿Hay un perro que muerde al hombre, después que hizo el mal? Si el que hizo un mal, padece un mal, empiezan a mostrarse las premisas de la conclusión de los moralistas. También en el sector espiritual lo mismo que en el de la naturaleza el deber ser expresa la *consecutio necessaria* de un hecho a otro hecho; pronto al delito sigue, naturalmente, el remordimiento; es decir, cuando exista el delito, también el remordimiento debe existir. Así, si el hombre quiere no padecer el remordimiento, debe no cometer el delito.

Esta del remordimiento es la más conocida pero no la única ni la más importante entre las consecuencias necesarias del delito y, por lo tanto, entre las manifestaciones de la ley moral. Permitidme aquí traducir algunas líneas de un pequeño estudio sobre *Moral y derecho,* que escribí en 1944, cuando estaba refugiado en Suiza: "¡Si no hubiese más que ley criminal en este mundo, la vida sería mucho más fácil a los delincuentes que lo que es en realidad! En realidad, el que cometió un delito o bien tendrá o no tendrá remordimiento; si lo tiene, he aquí una pena por la cual sufrirá mucho más que con la prisión; si no lo tiene, lo que es también posible, las cosas irán aun peor para él porque, en este caso, él cometerá nuevos delitos todavía: ésta es la más terrible y a la vez la más sencilla de las consecuencias del delito. Se debería investigar el suplicio del asesino, el cual, habiendo matado a un hombre, necesita, para esquivar la justicia, ¡matar todavía! El primer delito, como la primera guerra, puede procurar placer; pero ¿qué es del último delito o de la última guerra?". Mi conclusión era que "el más alto descubrimiento de la ciencia, cuyo valor supera todos los méritos de todos los hombres de ciencia del mundo, es esta humilde verdad: que el bien procura el bien y el mal procura el mal. Pero yo no conozco el nombre de ningún gran hombre al cual este descubrimiento esté unido. El inventor, a lo sumo, debe haber sido este hombre que ha empleado la misma palabra, *bien* o *mal,* para significar lo que se hace y lo que se tiene, el beneficio o el maleficio, la felicidad o la infelicidad" (*La crisi dei valori,* Roma, Partenia, 1945).

Así se muestra la unidad fundamental de todas las leyes, sean leyes naturales, sean leyes morales, y se revela la moral por medio de la naturaleza. No creo tampoco que éste se pueda llamar un descubrimiento si hace siglos y siglos los conceptos de la moral y de la naturaleza se contaminaron en la fórmula del *derecho natural.*

Que el mal procura el mal y el bien procura el bien es una ley que no puede faltar; pero para averiguarla se necesita largo tiempo. Aquí está la razón de la admonición del Maestro: *nolite judicare.* El objeto del juicio es, en último análisis, la calidad, buena o mala, de una cosa y para conocer esa calidad se debe ver hasta el fondo. Ahora bien, como nuestros ojos no pueden ver hasta el fondo, el juicio del bien y del mal es el fruto prohibido.

Pero los hombres, que no tienen el tiempo necesario para juzgar, tienen, sin embargo, necesidad de juzgar. No conozco un aspecto más trágico de la vida. No podemos saber lo que es bien o mal; y, sin embargo, debemos hacer el bien y no el mal. ¿Cómo se concilia esta contradicción? No hay, para superar la dificultad, otro medio que *obedecer.* El idioma español, como todos los idiomas neolatinos, ha empañado la transparencia de esta palabra. Necesita regresar a la forma latina original como compuesta de *ob* y de *audio* para saborearla en su pureza: la partícula *ob,* antepuesta a *audire,* significa la espontaneidad del oír o, más exactamente, del escuchar.

¿Qué se escucha? El pueblo, en su sencillez, habla de una voz, que se escucha; y, para indicarla, dice que todos los hombres la llevan consigo: *conciencia* no significa más que una ciencia, *quae est cum nobis,* que está con nosotros: y como cada ciencia se logra escuchando, su presupuesto no puede ser más que una capacidad de oír. Lo que se oye no es, en el fondo, más que lo que los niños oyen decir a su padre cuando están a punto de hacer alguna cosa: haz o no hagas porque está bien o está mal, es decir, porque la consecuencia de tu hacer será buena o mala.

Y por ninguna otra razón que por esta capacidad de oír el hombre es hombre: una verdad que, todavía, una vez más la divina palabra nos descubre, aunque los hombres no abran sus ojos para mirarla: se llaman, desde luego, sujetos, y se complacen de este nombre, y se oponen como sujetos a los animales, que son solamente objetos y no sujetos; pero no reflexionan que *sujeto* es algo que está *bajo* y no *sobre otro (¡subjacet!)*. Obedecer, pues, no es más que sujetarse y, por tanto, tener conciencia de nuestra naturaleza, la cual consiste en el ser sujetos y no solamente objetos.

Pero no todos los hombres saben escuchar. No es lo mismo escuchar que oír. Se oyen las palabras; el silencio se escucha. Desgraciadamente, los más creen que el silencio, en lugar de todo, es nada. Nuestro trabajo turba el silencio con una muchedumbre de sonidos; y la voz de la conciencia queda sofocada. No tenemos tiempo de hacer silencio; las necesidades de la vida nos constriñen a golpear el martillo; y desde otra parte, nuestra soberbia invierte la significación de sujeto. Ahora bien, cuando el después realiza la consecuencia del antes y un mal recibido sigue al mal hecho, ya el antes está olvidado y, por tanto, cuando no a Dios, en lugar de a nosotros, se maldice a la casualidad.

Hay, sin embargo, entre los muchos que hacen ruido, alguno que escucha. El más trágico de los pueblos de la tierra, cuya tragedia consistió en hallarse más próximo a Dios sin saberlo aproximar, los llamó *profetas*. Y no debe maravillarnos si sus profetas no han profetizado más que mal, puesto que el pueblo no hacía más que mal. Como cualquiera, aun sin llegar a estos ejemplares extraordinarios, un hombre que exhorta a los otros a hacer el bien y a no hacer el mal no puede dejar de ser un hombre que tiene una posibilidad mayor que los otros de escuchar o, lo que es lo mismo, de ver en el futuro. Así la humanidad se ha dividido siempre en una pequeña minoría, que mira y que escucha lo que la muchedumbre no puede ni ver ni oír, y en la muchedumbre que mira y que escucha no lo que estos hombres lograron ver y oír sino lo que representan haber visto y oído. Así aquel de algunos ciegos, que tiene una vislumbre, toma a los otros de la mano y trata de guiarlos a lo largo del camino.

Lo que hacen estos pocos hombres no es nada diverso de lo que hacen el poeta y el pintor: Arte, en suma. Y no debemos creer que el uno o el otro describa tan sólo lo que vio y oyó, físicamente, es decir, en otras palabras, lo que existe en el pasado; el que no describe sino el pasado es un fotógrafo o un cronista, no un poeta o un pintor. El artista, en verdad, cuenta lo que sus ojos y no los ojos de la muchedumbre alcanzaron a ver en el fondo de la realidad, donde se unen el pasado y el futuro. Arte, por tanto, también es el de los hombres que buscan representar a los demás las leyes del espíritu como las leyes de la naturaleza. Y si algunos de mis lectores necesitasen concretar esta idea con un ejemplo, le aconsejo pensar en los juristas romanos, que si no cultivaron la ciencia del Derecho en su significación más moderna y propia, fueron artistas tales que consiguieron para Roma un puesto, en la historia, no inferior a la altura de Atenas.

El medio de la representación de la ley moral, que se hace de esta manera, es la palabra. El *praeceptum* es un *conceptum* y, más propiamente, un *discurso* o concepto *discursivo.* Y, en cuanto representan la ley, los juristas pueden llamarse *praeceptores* propiamente porque *tomaron* (*ceperunt*) *antes* (*prae*) lo que cuentan a los demás. Bajo este aspecto la ley jurídica, como representación de la ley moral, es palabra.

Pero no basta la palabra para guiar a los hombres a lo largo del camino de la vida, como no le bastaría al pastor para guiar las ovejas si no emplease también el perro y el cayado. Por tanto, la representación de las consecuencias del hecho, bueno o malo, no puede limitarse al anuncio del bien o del mal, que, más tarde, naturalmente, seguirá. Si al hijo que no quiere estudiar, el padre no hace otra cosa que predecirle sus lágrimas futuras, el hijo, en el noventa por ciento de los casos, continuará riéndose porque no cree: el padre debe convertir las lágrimas futuras en lágrimas presentes para convencerlo. He aquí al lado de la palabra, el bastón. Es por eso por lo que la ley jurídica, más bien que limitarse al anuncio de la ley moral, y así de la consecuencia futura del mal pasado, se extiende a anticiparla, es decir a convertir el mal futuro en mal presente; y convertir en presente el futuro, lo mismo que el pasado, ¿no es *representar*?

••••

Aunque yo sepa que la más alta virtud del artista es la medida y, por lo tanto, tenga siempre el miedo de exagerar, ¿cómo no quedarme un momento a gozar todavía de la transparencia de esta otra palabra? Si no obtuviera otra ventaja de mi encuentro con mis compañeros americanos que la de comunicarles mi amor por la palabra, el largo viaje estaría plenamente justificado. Filósofos y juristas al hablar continuamente de *representación* y de *representaron* semejantes al campesino que, hallando una moneda bajo la tierra, no observa sus figuras y no estima su precio. Veremos, más tarde, el valor del *presente;* sin embargo, ahora se comprende, reflexionando, que la representación implica un alargamiento del presente, es decir, la extensión del presente a algo que, no siendo presente, no puede ser más que pasado o futuro. Veremos, digo, cómo puede explicarse esta especie de milagro; contentémonos ahora con observar la palabra con una especie de religión. Ahora bien, la potencia representativa de la ley jurídica y, por tanto, del Arte del Derecho supera, si no me engaño, aquella de cualquier otro Arte y el legislador merece la calificación de artista todavía más propiamente que el poeta o el pintor, porque no tanto describe al pueblo lo que seguirá naturalmente al bien y al mal que hizo el hombre, es decir, le explica la ley moral, cuanto porque adelanta la consecuencia futura de este bien o de este mal juntando a la consecuencia natural una consecuencia artificial del hecho humano.

Así se comporta el legislador porque el hombre teme al hombre más de lo que teme a Dios. El mal, que seguirá, naturalmente, al mal, tarda muchas veces en llegar porque Dios (que, según la sabiduría del pueblo "no paga el sábado") es *der Künstler des Wartens,* el artista de la espera, como he leído en una página inolvidable de LIPPERT; y la insuficiencia del hombre, sobre todo, se manifiesta como defecto de paciencia. No bastaría la incredulidad sin este otro defecto para justificar la necesidad de la estructura de la ley jurídica, como traté ahora de explicarla.

Una diferencia, pues, se encuentra ciertamente entre las dos leyes, natural y jurídica; todavía no puede formularse en los términos corrientes: es decir, francamente, con la definición de la escuela de Viena. Tanto una como otra ley representa, a la vez, *lo que es* y *lo que debe ser.* También la ley jurídica representa una *consecutio necessaria* del futuro al pasado. No hay diferencia entre ella bajo este aspecto. La diferencia debe buscarse en otra parte. Y para hallarla son todavía las palabras las que deben guiarnos.

Una de esas palabras, en el binomio corriente, es el adjetivo *natural.* ¿Lo contrario de natural no es *artificial*? A la naturaleza se opone justamente el Arte. El Arte se junta a la naturaleza para enriquecer el mundo. Y enriquecer el mundo es la tarea del hombre. El legislador, como el pintor con sus cuadros o el escultor con sus estatuas, ejecuta esta tarea con sus leyes. El pintor o el escultor, para cumplirla, construye una cosa nueva teniendo ante sus ojos un modelo. También el mecánico es, al lado del pintor o del escultor, un artista. El mecánico fabrica el fantoche automático estudiando al hombre como lo estudia el escultor o el pintor. Y la ley jurídica respecto de la ley natural semeja al fantoche respecto del hombre.

He aquí, por segunda vez, un parangón. Todavía, en lugar de ciencia, un poco de poesía. Precisamente. El parangón, como la poesía, sirve para mirar más en el fondo que la definición, es decir, la ciencia. Ya el concepto de artificio, frente a la naturaleza, contiene un poquito de pesimismo; mas temo que no sea suficiente. Mientras se trate de representar un estado del mundo, el Arte puede aproximarse a la naturaleza y alguna vez, acaso, parece superarla; pero la ley jurídica no se asemeja al retrato del hombre, que no habla y no se mueve, sino al fantoche, que quiere hablar y moverse. Para conocerla no basta, pues, explicar su función sin añadir su irremediable inferioridad respecto de la función. El hombre pintado puede parecer la verdad del hombre; el hombre mecánico no puede dejar de ser un muñeco. He aquí la utilidad, por no decir la necesidad, de la poesía. El cultivador de la ciencia, después de haber descompuesto y recompuesto el mecanismo, se queda, complacido, mirándolo. El poeta mira la distancia que separa el artificio de la naturaleza y suspira.

¿Qué es el hecho?

En los tiempos lejanos de mi juventud, uno de los primeros clientes, sobre la piel de los cuales se consumió poco a poco mi ignorancia de la ley y, lo que cuenta mucho más de la vida, fue un ingeniosísimo estafador cubano, que un día, discurriendo acerca de su causa, aplicó con esta fórmula el principio de la división del trabajo entre nosotros: "El derecho lo hace el abogado; pero el hecho lo sabe el preso". Así se manifestaba en la mente de un profano la oposición del *derecho* al *hecho,* que es familiar a todos los juristas; y mejor se diría a todos los que con una palabra más amplia, para no dejar fuera a ninguno de los que obran, aun materialmente, con el Derecho, los alemanes llaman *Rechtswahrer*.

Pero, si queremos hablar rigurosamente, la oposición no puede formularse entre el Derecho y el hecho, sino entre el *hecho* y la *ley*. Formulada en sus términos tradicionales, la distinción contiene la falta común, que concierne a la confusión del Derecho y de la ley; el Derecho, como dijimos, y veremos mejor muy pronto, más bien que la ley representa la síntesis de la ley y del hecho: y será probablemente esta síntesis la más difícil de explicar claramente.

Es por eso por lo que, una vez que hemos conocido la ley, ahora el hecho debe atraer nuestra atención.

¿Hay una palabra más empleada que *hecho*? Yo creo que solamente *cosa* puede disputarle el primado. Una y otra se asemejan a ciertas monedas en las que, a fuerza de circular, no se distingue ya la cara ni la cruz. Todo el mundo, por lo tanto, las emplea creyendo conocer su significación y, sin embargo, cuando alguno pregunta qué quieren decir, la respuesta no se consigue con la facilidad esperada.

Sin duda, una curiosidad de la ciencia del Derecho es aquí el que, de todos los juristas que hablan continuamente del hecho jurídico, ni uno solo se preocupe de explicar, al lado del adjetivo *jurídico,* es decir, al lado del nombre *derecho,* al cual este adjetivo se refiere, también el sustantivo *hecho,* que lo sostiene. El hecho en sí mismo es una especie de isla misteriosa en el reino del Derecho. Solamente en los últimos años algunos entre nosotros osó violar su secreto.

El primer paso hacia la meta, está, si no me engaño, en la comparación de los dos términos que enuncié poco antes: *hecho* y *cosa.* Muchas veces empleamos uno u otro con indiferencia; pero tal superficialidad no puede tolerarse si queremos superar la esfera del empirismo.

La comparación comprende, a la vez, unidad y diferencia. Lo que debemos buscar, pues, puede llamarse, en lenguaje escolástico, el *genus proximum* y la *differentia specifica* entre los términos: *hecho* y *cosa, factum* y *res.*

Si de algo puede servir mi relativa cultura, no conozco un solo filósofo o jurista moderno que haya sentido la necesidad de establecer para sus investigaciones este punto de partida.

Cosa y hecho son dos especies o, mejor, dos aspectos de un mismo concepto que puede formularse con la palabra *objeto.*

¡Bella palabra! *Aliquid jacet ob. Algo yace delante.* El objeto se refiere al sujeto; y tuvimos ya ocasión de ver que el hombre merece el nombre de sujeto en cuanto debe observar. ¿Qué es, pues, lo que yace delante? El mundo, se contestará. Verdad. Pero el mundo es demasiado grande para poderlo ver. Los sentidos del hombre se parecen a las ventanas de una casa donde el mundo entero no puede penetrar. El cuadro que se presenta ante la ventana: he ahí el objeto.

Es decir que el objeto se determina mediante la *atención.* Éste sí es un concepto que la filosofía moderna últimamente elaboró: aludo, ante todo, a Heidegger, bajo el aspecto lógico, y a Bergson, bajo el aspecto fisiológico. El paradigma de la atención se encuentra en la actitud del cazador cuando cierra uno de los ojos para mirar al pájaro. Para ver una cosa es necesario no ver las demás. El mundo se divide, así, en una muchedumbre de objetos. Y objeto es lo que del mundo podemos mirar.

Ahora ya hemos comprendido que el carácter principal del objeto es su relatividad; un objeto es además la tierra, el cielo entero para el astrónomo que lo contempla y, a la vez, el microbio para el biológico, que lo observa.

Un objeto puede observarse inmóvil o en movimiento. Así se formula, crudamente, la diferencia entre los términos, que estamos observando; hecho es la cosa que se mueve y cosa el hecho cuando está inmóvil.

¿Quién no ve, sin embargo, cómo esta crudeza esconde algunos de los máximos problemas de la filosofía? Estar inmóvil o moverse, ¿qué quiere decir? El problema del movimiento es, en primer término, el problema del tiempo; y el problema del tiempo es el de la vida. Así el estudio del Derecho, como de cada otra materia, nos conduce, insensiblemente, hasta el umbral del misterio.

El problema del tiempo es uno de los que la filosofía antigua no tuvo la posibilidad de resolver. Y también para la filosofía moderna perdura, hasta el último siglo, esta dificultad: KANT, en efecto, tiene el mérito de habernos dicho *lo que no es,* pero no de habernos dicho *lo que es* el tiempo; sabemos, después de él, que el tiempo no es realidad; pero no sabemos todavía cómo se explica que no sea realidad. Hasta el último siglo he dicho; ahora bien, ¿qué se produjo en el último siglo que pueda ayudarnos a superar la dificultad? BERGSON tuvo, a este propósito, una intuición de sumo valor cuando indicó la importancia para investigar el pensamiento de lo que llama *le procédé cinematographique.* Mientras a la pregunta que alguna cosa está inmóvil o se mueve ¿qué quiere decir? es superlativamente difícil, aunque sea posible, contestar con una definición; cualquier dificultad desaparece cuando recurrimos al parangón: el *fotograma* está inmóvil y el *film* se mueve. La cosa se asemeja al fotograma y el hecho al *film.*

Detengámonos, pues, un momento, si me lo permitís, en este punto.

¿Cómo se llama lo que se ve del mundo con una mirada? La palabra que emplearon a tal fin los latinos está, como casi siempre, plena de significación; *species* significa, precisamente, *lo que se ve,* es decir el objeto de una visión instantánea, fuera del tiempo. La *species* es lo mismo que el fotograma.

Y ¿cómo se llama, a su vez, lo contrario de la *species?* La palabra latina *genus* tiene más significación; *genus* es lo que *gignit,* y *generatur* es lo que genera y se genera. El mundo, así, no está ya fuera sino dentro del tiempo. El aspecto temporal distingue la especie y el género, la cosa y el hecho. La especie *es,* el genero *deviene.* La especie es un momento, como el fotograma; el género, un desarrollo, como el *film.* La primera se representa, geométricamente, con el punto; la segunda con la línea.

Ahora podemos volvernos a lo que ya hemos descubierto a propósito de la ley. La ley representa la *consecutio necessaria* de dos hechos: el hombre que nació debe morir; el nacimiento y la muerte. He aquí los dos hechos. Pero *representar* es hacer que el hecho *esté presente;* y no puede estar presente lo que no puede abarcarse con una mirada; presente, pues, no es más que la *species;* el género, por el contrario, se desarrolla desde el pasado en el futuro.

Es por eso por lo que la ley, para cumplir su tarea, debe *comprimir el hecho en una especie.* ¿Se comprende ahora por qué la ciencia moderna del Derecho convierte el binomio latino *species facti* en única palabra: *factispecies*? En el idioma corriente puede traducirse esta palabra por el *hecho en cuestión;* todavía así se pierde la fineza de su significación que concierne a la reducción del género en especie: el hecho, para representarse, se comprime hasta que llega a ser una cosa.

No hay nada más gráfico que el cinematógrafo para explicarnos esta comprensión. La mayor ventaja que la observación de tal procedimiento ofrece a quien investiga el secreto del pensar consiste en lo que se llama *acortar* o *alargar* el paso de la proyección. ¿Quién no vio representar el nacimiento de una flor con tal aceleración que permite contraer en algunos instantes un largo desarrollo de tiempo? El cinematógrafo, se diría, posee la facultad de acortar o de alargar el tiempo. Pero esta facultad ¿es un original o una copia? No hay nada de original en lo que el hombre logra fabricar. La más original de las invenciones no puede no ser una *invención;* e *invenire,* en el idioma latino, no quiere decir más que hallar. El original del cinematógrafo es el pensamiento. Y el pensamiento posee una facultad de acortar o de alargar el paso infinitamente más grande: la mariposa no puede volar sin moverse; sin embargo, el pensamiento puede transformar en inmovilidad su vuelo.

Así aflora en el discurso la conversión del movimiento en la inmovilidad. Y así se opone a la ley el hecho. El eterno contraste entre el ser y el moverse se presenta también al jurista *sub specie* de la oposición del hecho a la ley. La ley está; el hecho se mueve. La ley es un estado; el hecho, un desarrollo. La ley es el presente; el hecho no puede ser más que pasado o futuro. La ley está fuera del tiempo; el hecho está dentro.

Y así se comprende no tanto que *por el Derecho se lucha,* como nos enseñó uno de los mayores juristas alemanes, sino que el Derecho *es lucha.* El derecho vive desde el signo de la contradicción. Lo más íntimo de esta vida es la lucha de la ley y del hecho. La ley busca detener el hecho y el hecho huir de la ley. Veremos, más tarde, cómo en el juicio esta lucha puede concluir.

Más generalmente, la lucha del Derecho reproduce, en uno de sus aspectos más dramáticos, el esfuerzo del hombre para huir del tiempo. Lo que más necesita el hombre sobre todas las cosas es la eternidad. El presente descubre su necesidad: esta problemática, más bien esta contradictoria contaminación del pasado y del futuro que una vez llamé *no man's land* entre uno y otro, ¿qué cosa puede ser ni pasado ni futuro que no sea lo eterno?

No hay, si no me equivoco, otro ejemplo más eficaz que el Derecho para que los hombres sientan la necesidad de superar el tiempo, es decir, para huir de la tormenta del volver y quedarse en la paz del ser.

Dijimos: el hecho se desarrolla y, por tanto, huye de la ley. Pero no todos los hechos se desarrollan con la misma velocidad. Hay desarrollos lentos, como la aguja que marca las horas sobre el cuadrante del reloj; y otros rápidos, como la aguja para marcar los segundos. También las montañas se mudan; pero los hombres no pueden observar esta mudanza a lo largo de su breve vida; y, por tanto, se dice que las montañas están inmóviles, al contrario de los hombres, que se mueven.

Ahora bien, mientras, por ejemplo, la ley astronómica enlaza los hechos de los astros, la ley jurídica liga los hechos de los hombres. La primera dice: puesto que el sol nació, el sol va a morir; y la segunda: puesto que un hombre mató, el hombre va a ser matado. He aquí los dos hechos que la ley jurídica enlaza; dos hombres que matan a otro hombre: el asesino y el verdugo.

Un hombre: carne inicialmente. Entre la carne y la piedra hay ya la misma diferencia, en cuanto a la mudanza, que existe entre las dos agujas de las horas y de los segundos. Todavía, como carne y piedra, hay carne y carne. Carne es la cabeza del animal como la cara del hombre, *Vultus* decían los latinos para indicar el rostro. Y ¿cómo no recordar: *"risum colligit ac ponit temere et mutatur in horas?"*. El mérito de esta denominación latina es el de expresar la mudanza; no hay otra parte del cuerpo que, como el rostro, instantáneamente se mude.

En este punto ya se empieza a adivinar cuánto más difícil es la tarea de la ley jurídica en comparación de aquella de la ley física, pues los hechos, que debe representar, no dejan comprimir su desarrollo en una *species;* el nombre latino de *vultus,* en cuanto expresa con la mutabilidad el carácter del hombre, constituye el paradigma de esta dificultad.

Pero la investigación del hecho, bajo el perfil jurídico, no quedará cumplida sin buscar la razón de la mutabilidad llevada, como vimos, hasta el máximo, en cuanto a los hechos humanos.

Vultus; el rostro del hombre frente al hocico del animal es algo que se muda. ¿Por qué? Porque el rostro no es más que un espejo. ¿De qué? Aquí, otra vez, el umbral del misterio; y con eso, otra vez, la insuficiencia de la razón y la necesidad de la poesía. Sin duda, en el rostro algo se refleja; y esto que se refleja, lo hace mudar. El gozo, el dolor, la esperanza, el miedo, la desesperación, la sonrisa, el llanto, la serenidad, la oscuridad. Banalidad, oigo decir, no-poesía, si no hubiera más que esto, ciertamente. Pero lo que se necesita para representar el acto del hombre, es decir, el hombre que hace, es representar juntamente la serenidad y la oscuridad, el llanto y la sonrisa. Aquí está la diferencia entre el fotógrafo y el pintor. En la fotografía un hombre llora o sonríe; solamente el pintor puede, si es pintor verdadero, expresar conjuntamente su sonrisa y su llanto.

Aquí, todavía, la diferencia entre el retrato y el paisaje como formas de pintura. No dudo de que la primera de estas formas sea más espiritual. Y querría, si no me exigiera una excesiva digresión, explicar lógicamente lo que me gusta llamar el redoble del movimiento o de la mudanza cuando desde el cuerpo se pasa al espíritu; redoble, precisamente, porque, mientras el cuerpo no hace más que progresar hacia el futuro, el espíritu, por el contrario, progresa y regresa, hacia el futuro o hacia el pasado, es decir que no está sujeto a la irreversibilidad del tiempo. El cuerpo, en una palabra, vive dentro y el espíritu fuera del tiempo. No solamente los hombres comunes, sino también los hombres de ciencia y, sobre todo, los hombres de filosofía y también de teología encuentran tales dificultades para separar el espíritu del cuerpo que acostumbran a referir al uno y al otro, indiferentemente, la irreversibilidad; es decir, el tiempo: y no se detienen en esta confusión, tampoco delante de Dios. Acaso tan sólo los juristas hallan en sus experiencias más precisas al menos la impresión de que si el cuerpo no puede, el espíritu tiene la posibilidad de hacer, al contrario, su camino, y de que así *su vida es más vida que aquella del cuerpo*. Por tanto, según que represente la naturaleza o el hombre, hay un pintor del tiempo o un pintor de la eternidad.

¿Exageraciones? ¿El legislador es un artista? ¿El legislador, un pintor? ¿Dónde están, pues, sus retratos? Cuando en uno de aquellos libritos que forman, alrededor de mi obra jurídica, un halo de poesía describí los códigos y ante todos el Código Penal como una galería de figuras; mi razón ¿no se dejó llevar de la mano por la fantasía? No hay, verdaderamente, en la ley civil un retrato del vendedor o del comprador como en la ley penal del homicida o del ladrón: diciendo que la venta es el acuerdo de dos personas para cambiar una cosa y una suma de dinero, o que el homicida es un hombre que mató a otro hombre no se hace ver nada ni del vendedor ni del comprador, ni del matador, ni del matado; y un retrato, en el cual no se ve el retratado, no es un retrato.

Ciertamente, el Arte del legislador es más pobre que aquel del pintor. Pero no hay solamente la pintura en el campo del Arte. Justamente la pintura está a un extremo de este campo y la música al otro: entre ellas una gradación de la riqueza hacia la pobreza o bien pudiera decirse desde la corporeidad hasta la incorporeidad. Pero, si a la calificación del legislador como pintor se sustituye con aquella del músico, la dificultad, para no decir la extravagancia del discurso, aumenta todavía.

¡Sin embargo! El pintor no necesita ninguna colaboración para que el público guste sus obras. Al contrario, para el músico la cosa es diversa. Aquí se encuentra una figura que a los juristas es particularmente familiar. ¿Quién de nosotros no habla de *intérprete* y de *interpretación*? Se interpreta la ley, se interpreta el contrato, se interpreta el testamento. Interpreta el juez, interpreta el acusador, interpreta el defensor. Hay la interpretación auténtica, la interpretación doctrinal, la interpretación jurisprudencial, declarativa, extensiva, restrictiva, analógica y otras especies todavía. Sin duda, el concepto de interpretación es uno de los fundamentos de la ciencia del Derecho.

Pero no se interpreta solamente en el campo del Derecho. La figura del intérprete, en verdad, tiene un puesto de primer plano también en la teoría del Arte; pero no de cualquier arte, sino de aquella forma del Arte que debería llamarse arte *discursivo* en oposición a arte *figurativo,* según la distinción elemental de las dos formas del concepto, discurso o figura, ¿Eleonora DUSE o Beniamino GIGLI, PAGANINI o TOSCANINI, qué son sino intérpretes de música o de poesía? El intérprete jurídico es su hermano. La interpretación jurídica y la interpretación artística no son dos cosas diversas sino la misma cosa. Si el Derecho no fuera Arte, no habría interpretación en su campo. La interpretación jurídica es una forma de interpretación artística; y si no tuviese este carácter no sería interpretación. La grandeza de Vittorio SCIALOJA y de Arturo TOSCANINI pertenecen a una sola categoría.

Interpretar. La palabra lleva consigo la idea de una mediación, es decir de una conjunción. El intérprete une, se diría, el productor y el consumidor del Arte; todavía un puente. El intérprete no sería, pues, un artista. Pero el sentido común se rebela a esta negativa. ¿Cómo SCIALOJA o TOSCANINI no son artistas? Pero ¿cómo, por otra parte, podrían ser artistas si la poesía o la música no brota de su fuente? Y ¿dónde está, pues, la fuente? Como el recitador o el concertista, tampoco el músico o el poeta merecen el nombre de fuente de la música o de la poesía. El hombre, el más artista de los hombres, no crea nada. Su tarea y su mérito no es el de crear sino el de inventar. Todos los artistas no son más que trovadores. El engaño de los que conciben el Arte como creación se asemeja a la ilusión del ignorante, que oyendo la melodía brotar desde el aparato radiofónico no sabe desde cuán lejos llega el sonido.

En vez de considerar los intérpretes como artistas, la verdad es que todos los artistas no son más que intérpretes. La diferencia entre BEETHOVEN y TOSCANINI no está en que también BEETHOVEN no sea un puente, sino en que una de las riberas unidas por este puente, no se deja ver. Y cuando la novena sinfonía nos deleita, un puente se junta al otro para abrirnos el sendero que conduce a la ribera desconocida.

¿Qué tal? ¿El código sería una especie de partitura?

Reflexionemos. Las notas musicales, al profano que las observa, no dicen nada. Y cuando, en un artículo del Código, leemos "quien mata a un hombre será matado", ¿qué cosa se ve más que nada? Un hombre sin rostro no es un hombre. Un hombre no es hombre sino en cuanto es su pasado y su futuro. Un hombre es una historia. El hermano hunde el puñal en el pecho de su hermano. ¿Y antes? ¿Y después? ¿Quién era el matador? ¿Y quién el matado? Dos historias. "Quien mata a un hombre" implica todo un problema del pasado. Y como la noción del delito implica el problema del pasado, así la noción de la pena implica el problema del futuro. Pasado y futuro. Todo. Toda la vida. Toda la historia.

Cada una de las artes busca expresar en el presente el pasado y el futuro. No hay ni pintor ni escultor que se contente con representar lo que ve de su modelo, sino lo que adivina, es decir lo que aquél era antes y lo que será después. Pero no hay otro Arte que, como la música, no represente más que el pasado y futuro, es decir solamente el tiempo: el objeto de la música, más que esta o aquella cosa, es la infinita riqueza de la vida. Y no hay otro Arte que, como la música, para representar esta riqueza infinita se sirva de una pobreza franciscana. El más humilde es el más alto de las artes. Otra vez, remontando el curso de mi vida, tuve ocasión de reconocer que no fue una casualidad si antes que a San Francisco, encontré a BEETHOVEN. La semejanza del Arte del Derecho con el Arte musical, denunciada por la necesidad del intérprete, se confirma en la oposición de la suma ilimitación del fin con la suma limitación del medio representativo; y el conocimiento del Derecho no puede lograrse sin descubrir cómo se resuelve esta contradicción.

Como cualquiera, aunque los fantoches del derecho tuviesen su cara, es decir el Arte del Derecho pudiese semejarse más que a la música a la pintura, ¡cuántos fueron y son aún los juristas, que ignoran también la diferencia entre hombre y fantoche, habiendo enseñado y todavía enseñando, con adorable ingenuidad, como si el homicidio o el hurto fuera lo que leemos en el código y no lo que sufrimos en la vida!

El gran mérito de Enrico FERRI fue el de rebelarse contra esta confusión; y su victoria, por tanto, tuvo lugar, aunque él no lo supiera, en el campo de la metodología. El progreso, desde la escuela clásica a la escuela positiva y desde ésta a la escuela técnico-jurídica, es propiamente metodológico; y el contraste metodológico, aunque la mayoría de los juristas no le preste atención, ha sido mucho más fuerte en Derecho Penal que entre los civilistas. Ferri, precisamente, reivindicó el hecho contra la ley: aquí está la significación de su obra y el límite de su ciencia jurídica. En verdad, el gran penalista italiano abrió violentamente las ventanas del museo y mostró a los juristas que su mundo no se compone solamente de fantoches. "El hombre, no el fantoche", fue su grito.

Sin embargo, el mundo contiene también los fantoches. Y el problema del Derecho es la lucha entre el hombre y el fantoche. En verdad la ley no puede servirse más que del fantoche para gobernar al hombre. Y si la ciencia jurídica empezó con el estudio del fantoche, no podemos reprocharle que no haya justamente reconocido el punto de partida. El problema en suma no es ni el problema del hombre ni el problema del fantoche, sino el problema del uno y del otro.

El fantoche es como la mano de la ley. Sin manos ¿cómo pudiera la ley agarrar a los hombres? Los fantoches tratan de detener a los hombres, y los hombres de huir. He aquí la lucha, sin conocer la cual no se conoce el Derecho. Es por eso por lo que cuando, como resultado del estudio de la ley y del hecho, los penalistas más recientes formulan la distinción entre el *delito instituto-jurídico* y el *delito-hecho,* el problema del Derecho no está más que propuesto: se presentan así, los dos términos uno contra el otro; pero el conocimiento del Derecho no se logra sin ver cómo la lucha se desarrolla y se compone.

••••

¿Qué es el juicio?

El Derecho es lucha. No solamente, como dijo IHERING, *der Kampf um's Recht,* sino también *der Kampf im Recht,* la lucha en el Derecho. Pues, ¡una contradicción! ¿No sirve el derecho para procurar la paz? ¿La lucha, pues serviría para procurar la paz? Así es la vida. Fe y duda parecen contradecirse; y todavía bien dijo UNAMUNO que "fe sin duda es fe muerta". Lo mismo puede decirse de la pureza y del pecado como de la luz y de la sombra. Lógicamente el misterio se explica corrigiendo el equívoco entre *oposición* y *negación* y, por tanto, aclarando que la negación no es más que insuficiencia: exactamente no el contrario sino el defecto de luz se llama sombra, como en el defecto de pureza consiste el pecado. Así no hay oposición entre la lucha y la paz; más bien la lucha es una insuficiencia de los hombres que deben superarla para alcanzar la paz. Y si el Derecho es lucha, como vimos, entre el hecho y la ley, no se limita a esta lucha, sino que se extiende a su superación.

Aquí se halla la falta no solamente de los juristas de la escuela penal positiva sino de todos, cuya ciencia se detiene en la oposición de la ley al hecho: en lugar de la antigua indistinción hay modernamente entre los dos términos una distinción muy cuidada; pero la ciencia no sigue más adelante. Ley y hecho; todos nuestros sistemas, incluso la primera edición de mi *Teoría general del derecho,* presentan esta estructura binaria. Es decir que, como observé en el capítulo precedente, la ciencia se limita a separar los elementos del Derecho y no cuida de preguntarse cómo se combinan el uno y el otro.

En los últimos tiempos, el progreso de la división del trabajo, que se afirma cada vez más en el campo de la ciencia, llevó a su grado máximo este defecto y, así, terminó por descubrir el principio del remedio. Los penalistas más rigurosos, en efecto, distinguen, como vimos, el *delito instituto-jurídico* y el *delito-hecho* con el resultado de limitar su ciencia al estudio del primero; el delito-hecho deberá ser objeto de las investigaciones de los criminólogos y no de los juristas. Este movimiento hacia la purificación de la ciencia jurídica se ve menos claramente en la materia civil; pero también los civilistas comienzan a dejar a los cultivadores de la técnica mercantil el estudio de sus hechos principales y, en particular, del contrato. Por tanto, la ciencia jurídica, en cuanto se separa de la sociología, tiende a identificarse con la *nomología*. Lo que querría demostrar en este capítulo, concierne no tanto a la insuficiencia de tal concepción cuanto al camino para completarla.

Observemos todavía las palabras. Otro vocablo nos guía como la estrella guió a los reyes del oriente para venerar la cuna del Niño divino: *Iudicium*. La misma raíz que *ius*. Si los glotólogos se niegan a ver el parentesco de *ius* y de *iungere*, no llegan a tanto acerca de *ius* y *iudicium* como de *ius* y *iudex*. El *iudex dicit ius* (*iu*[s]-*dicium*); y el *ius* se revela *dicendo*. Corre entre *ius* y *iudicium* la misma diferencia que entre el espíritu y el cuerpo: *iudicium* es encarnación de *ius*. ¿Podemos creer, pues, conocer el pensamiento sin estudiar la palabra que lo encarna? E igualmente, ¿el *ius* sin *iudicium*?

Ciertamente la ciencia jurídica alemana del siglo pasado merece la gratitud del mundo ante todo por la distinción, que le debemos, entre el Derecho Material y el Derecho Procesal. En los tiempos de Roma estos dos aspectos del derecho no pudieron separarse porque el primero estaba casi totalmente envuelto en el segundo. Y más tarde, cuando la figura del juez perdió el primado en la escena del derecho dejándolo al legislador, la oscuridad, en la cual vivió largo tiempo el proceso, no permitió a los juristas concebirlo ni como Derecho ni como objeto de Derecho; el signo de esta inferioridad se tuvo en la fórmula francesa de la *Procédure civile* o *pénale* que se oponía al *droit civil* o *pénal*. Precisamente por mérito de la ciencia alemana el proceso superó la minoridad convirtiéndose la *procédure civile* y *pénale* en el *Prozessrecht*, es decir, alineándose el Derecho Procesal al lado del Derecho Material y perfilándose esta distinción como fundamental para el estudio del Derecho. Y, sobre todo, por este mérito el pensamiento alemán dominó a lo largo de todo el ochocientos y aun en los primeros años del novecientos la ciencia jurídica del mundo entero.

Naturalmente, en los primeros tiempos de la exportación de este pensamiento, los pueblos importadores no tuvieron plena posibilidad de crítica. Los alemanes eran dominadores y los demás dominados. Pero poco a poco, como siempre acaece, el entusiasmo cedió el puesto a una valoración más equitativa de los méritos y de los defectos. En verdad la ciencia procesal alemana es todavía superficial. Su progreso respecto a la ciencia precedente fue, sin duda, muy importante; pero los cimientos todavía faltan. A este respecto es menester notar que, lógicamente, los fundamentos de la ciencia jurídica como de toda otra ciencia están fuera de la misma; así se habla precisamente de investigaciones metajurídicas ya que no metacientíficas; y aquí se encuentra la más grave dificultad para el investigador. Pero la ciencia no desciende en profundidad sin esta fatiga.

Justamente el signo de la superficialidad de la ciencia moderna procesal es su denominación. Una vez se hablaba, en Italia, de *derecho judiciario*. Hoy este adjetivo no parece de buen gusto; la moda alemana no admite otra fórmula que no sea aquella del Derecho Procesal. Y el mismo jurista, que os habla, se adaptó a esta moda sin ninguna profunda reflexión. La insipidez de la palabra *proceso* en comparación con *juicio* me pasó enteramente inadvertida; e igualmente el parentesco de *iudicium* y *ius*. Fue tan sólo cuando, creyendo exhausto mi interés por el Derecho, empecé, particularmente en las meditaciones ginebrinas, a escrutar los secretos de la lógica, que, en el juicio, me apareció la esencia no tan sólo del pensamiento sino del Derecho y, por tanto, comprendí que el cimiento de uno era el mismo que el del otro. Veremos, más adelante, la importancia de este descubrimiento.

No puede dudarse que la palabra *juicio* tiene una significación unitiva. Ya observé que si las experiencias de los glotólogos no valieron para descubrir las patentes del parentesco entre *ius* y *iungere,* el rayo de la inteligencia llega más lejos; ¿qué hace el juez sino unir a las partes? Pero de este argumento no podemos ocuparnos ahora. Me parece suficiente, en este momento, la observación de que propiamente la idea fundamental de la gnoseología kantiana (probablemente, su más grave error) creció a la sombra de esta palabra: el juicio sintético sería, precisamente, el efecto de una fuerza unitiva inmanente en el espíritu humano; y no necesito explicar mi reserva respecto a esta idea, que reconoce al hombre lo que es propio de Dios. Sin embargo, existe la necesidad de unir; y el problema es, precisamente, el de saber de dónde llega la fuerza unitiva y cómo obra hacia los hombres. Puede ser que los juristas tengan la posición más favorable para ver algo más lejos.

Todos comprenden, más o menos, que el juicio es la semilla del pensamiento. ¿Por qué no diremos la célula? El pensamiento se desarrolla, justamente, como un árbol; y si a sus discípulos incultos el Maestro no podía hablar más que del granillo de mostaza, los actuales conocimientos biológicos permiten que la parábola sea levemente modernizada.

La célula, en verdad, posee ciertas facultades, generativas y formativas, sobre las cuales tendremos acaso ocasión de regresar. Pero los biólogos no podrían conocerla sin el microscopio y los lógicos no tienen desgraciadamente un análogo instrumento a su disposición. ¿Realmente la naturaleza ha sido con los lógicos tan cruel que no puedan ver con sus ojos la célula del pensamiento? A una tal pregunta el jurista queda pensativo. Un microscopio lógico, ciertamente, no existe, mas, sin embargo, la naturaleza se encargó de fabricar un tipo de juicio gigante, que los hombres pueden observar, cómodamente, sin menester de ningún artificio. Aquí llega el momento para hablar del proceso. ¿Qué es, en realidad, el proceso sino un juicio visto mediante una potentísima lente de aumento? Si hay una razón para hablar de *proceso* en lugar de *juicio* es solamente que el juicio tan aumentado pierde su fisonomía. Se necesita observarlo de lejos para recomponer sus líneas y comprender su naturaleza.

En verdad, ¿qué hacen el juez y las partes en este conjunto de actos, que se llama proceso, civil o penal, que no sea juzgar? ¡Beatos, los juristas, a quienes se descubre un mecanismo que sus compañeros de trabajo en los campos de la ciencia no pueden a simple vista observar! Beatos e ingratos, porque, como los demás, *habent oculos et non vident;* si no es menester del microscopio, se necesita al menos la atención, la más sencilla y, a la vez, la más rara cualidad de un pensador.

El *juez* y *las partes.* La primera sorpresa, que el espectáculo del proceso procura, concierne a esta pluralidad. Las partes deberían ser, lógicamente, el objeto y no un sujeto del juicio; en suma, el juzgado y no el juzgador. Pero el juzgado tiene que sufrir el juicio; y las partes, al contrario, antes que sufran obran delante del juez. ¿Cómo, pues, obran y por qué? Luchan, en una palabra. Luchan para convencer al juez. Una dice blanco y otra negro. Muchas veces, gritan más que hablan. Y el juez escucha antes de juzgar.

Blanco y negro. Sí y no. Cara y cruz. ¿Qué significa este contraste? La duda. *Dubium* tiene su raíz en *duo* como *duellum.* El duelo de las partes personifica la duda y muestra el nacimiento del juicio. No lógicamente sino prácticamente el juicio necesita la duda. Más duda, mejor juicio. En este sentido se entiende el enérgico dicho de UNAMUNO: "fe sin duda es fe muerta". Tan necesaria es la duda al juicio que en la forma del proceso, donde el contraste de las partes naturales puede faltar, el Derecho crea dos partes artificiales (instrumentales, dije en mis *Lecciones sobre el proceso penal*), el acusador y el defensor, cuya función no es más que cultivar y, diría, exasperar la duda.

El juicio, así, toma la forma geométrica de un triángulo. La triade hegeliana, se dirá. Ciertamente; pero no sobre el plano metafísico ni tampoco sobre el plano lógico sino solamente para explicar la historia del juicio, y también su naturaleza si, en el sentido de VICO, la naturaleza de una cosa es modo de su nacimiento.

Volvamos ahora la atención al juez, dejando las partes. ¿Qué hace el juez cuando juzga? Más claramente, acaso, el fondo se hace transparente en materia penal.

Miremos, pues. El juez pregunta al inculpado. Pregunta a los testigos. Pregunta a las partes. Pregunta a las cosas. Querría llamar, si pudiera, a todo el mundo ante sus ojos.

Ante sus ojos. Detengámonos aquí. Me llega a la mente una frase del más trágico pensador de la Alemania actual, Martín HEIDEGGER, cuando dice, para explicar el concepto del *presente:* "algo está delante". Después que la leí, comprendí, finalmente, la *prueba;* o, mejor, el valor lógico de la prueba. El *presente,* el más problemático de los aspectos del más problemático de los conceptos, es decir del tiempo, no es más que la zona alumbrada delante del hombre que camina llevando una linterna. Así hace el juez: trata de iluminar todo lo posible el camino, que se desarrolla delante de él. Así hace cualquiera, que debe formar un juicio.

Si puede, en rigor, formarse un juicio sin duda, no puede formarse sin prueba. Pero en la mayoría de los casos la prueba es de tal modo microscópica que, a simple vista, no se deja ver. El mérito de este juicio gigante, que se llama proceso, es el de dejarla ver. Aquí el espectáculo nos permite el tránsito desde el campo práctico al campo lógico del juicio.

Mientras el juez pregunta, trata de alargar el presente. Pero en un cierto momento termina de preguntar. El presente se alarga hasta los límites de lo posible. ¿Y entonces?

El juez no puede quedarse allí. Él escuchó al inculpado. Él oyó a los testigos. Él vio las huellas del delito. Pero el delito no. Aquellos están en la zona de la luz; éste en las tinieblas. Y todavía el juez debe proseguir. Veamos, pues, qué significa esta continuación.

Se pasa, así, desde el noto al ignoto. Y el ignoto se parte en dos divisiones: el pasado y el futuro. Es menester entenderse acerca de esta distinción. El pasado, verdaderamente no puede ser incógnito puesto que pasó desde la posibilidad a la existencia; y no existe (es decir no *ex-stat,* no *llega fuera*) lo que no se conoce. Sin embargo, puede ser que el pasado sea pasado para uno y no para otro hombre. En este sentido aun el pasado puede ser ignoto. Futuro, al contrario, se dice lo que permanece ignoto a todos los hombres. Ahora el juez es menester que camine en la una y en la otra dirección. En la una se halla el delito; en la otra la pena. Hablo, como dije, del proceso penal solamente por razón de sencillez; lo mismo, naturalmente, puede decirse del proceso civil: por ejemplo, la conclusión de la venta y la entrega de la cosa es pasado mientras que el pago del dinero es todavía futuro.

El juicio es, pues, un salto de lo conocido a lo desconocido: desde el pasado del juez al pasado del inculpado y después a su futuro. Ahora su naturaleza unitiva empieza a descubrirse: la función del juicio es esencialmente la de unir, a través del presente, el pasado al futuro. Una tarea sobre humana. Es por eso por lo que la explicación filosófica del juicio si puede hallar en el campo lógico su principio no puede completarse más que sobre el terreno metafísico; y nada más que esta sobrehumanidad quiso expresar el Maestro con su enigmático *nolite judicare.*

Un salto en el pasado. El contrato en el proceso civil, que trata de su ejecución, y el delito en el proceso penal, que tiende a su punición, es el pasado; y, como pasado, historia. Por tanto, este juicio se llama exactamente *juicio histórico.*

Aquí el punto de conjunción entre el historiador y el juez. *El juez y el historiador* es el título de uno de los estudios más sugestivos de mi amigo Calamandrei. En efecto, el juez hace, como el historiador, historia o, mejor dicho, historiografía. Solamente que, en la mayoría de las veces, mientras el historiador trata los grandes hechos, el juez se ocupa de los pequeños. Pero ésta no es una regla absoluta: hay obras históricas dedicadas a buscar las cosas pequeñas del pasado; y hay jueces, sobre quienes el destino carga el peso de castigar a un pueblo: estos últimos tiempos nos han presentado una tal posibilidad y no debería ningún jurista pensoso ignorar que, entre otras cosas, el problema actual de Alemania es, en enormes dimensiones, el problema de la pena. Esta, pues, importancia de los hechos no constituye entre el juez y el historiador la diferencia esencial.

El historiador, casi siempre, se detiene a juzgar el pasado. Más bien, según el positivismo o el idealismo, que son la cara y la cruz de la misma moneda, debe detenerse aquí. Inducir desde el pasado el futuro está severamente prohibido al historiador moderno. Que la historia sea *magistra vitae* se califica como una superstición que, a la luz de la ciencia moderna, se hubiera disipado como la niebla al sol. Será o no será verdad; aquí no me interesa. Ciertamente, aunque el historiador pueda continuar después el juicio acerca del pasado, su camino puede también detenerse. Quien no puede detenerse a este respecto es el juez. Para él el juicio histórico no es más que una etapa. El juez se asemeja propiamente al saltador que toma la carrera para poder alargar el salto. Su juicio histórico es medio, no fin. Para él conocer el pasado es el pasaje obligado para conocer el futuro. He aquí, después del juicio histórico, lo que llamamos el juicio *crítico*.

Juicio crítico, ¿no es una tautología? Juicio crítico equivale a *cielo celeste,* sin duda. Pero se dice también: cielo celeste; y puesto que se dice, debe tener su razón. En efecto, cielo celeste quiere decir el cielo como debe ser para ser verdaderamente cielo: la verdad del cielo, en suma. Igualmente, juicio crítico significa la verdad del juicio: el juicio que verdaderamente sirve para juzgar. Se descubre en esta fórmula la intuición de que el juicio acerca del pasado no interesa sino para preparar el juicio acerca del futuro: en sí mismo el juicio histórico, más que juicio consumado, es una tentativa de juzgar. El pasado no tiene valor más que para preparar el futuro.

Cualquiera, sin embargo, me pregunta: ¿y qué tiene de común el juicio crítico con el juicio acerca del futuro? Lo que se entiende por juicio crítico es el juicio del bien y del mal, que no se refiere nada al futuro: que lo que yo hice sea bien o mal concierne al pasado y no al futuro. ¿Estamos seguros? Y, ¿por qué esta ansia del hombre, que quiere saber si lo que hizo fue bien o mal, si de esta cualidad de su acción no dependiese su vida futura? No solamente lo que es bien o mal reacciona sobre el futuro sino, verdaderamente, el futuro reacciona sobre lo que es bien o mal en el sentido de que si algún hecho es bueno o malo no puede juzgarse sin conocer el futuro: otro círculo lógico que solamente la metafísica sirve para resolver; el pecado mismo puede ser una bendición para el hombre si, a través del arrepentimiento, lo guía a la libertad. Y, verdaderamente, la sola razón que el hombre tiene para juzgarse a sí mismo o a otro hombre no es más que aquella de regular su vida futura. Por tanto, el problema del bien y del mal se identifica con el problema del futuro. ¿Hay un perfil bajo el cual la función del Derecho y la figura del juez más vivamente se vislumbre? Cuando yo he dicho, recientemente, que esta función se complica introduciendo lo sobrenatural en lo natural, no he exagerado.

Pero el juez, al menos actualmente, no es libre de juzgar como cree. Ya el juicio histórico y más el juicio crítico o, podría decirse, regularmente el segundo y excepcionalmente el primero siguen un camino obligado. Aquí se presenta el problema que los juristas denotan con la fórmula de la *aplicación de la ley al hecho* y propiamente concierne a la combinación de lo abstracto y de lo concreto.

Se debería, ante todo, delinear el concepto del juzgar cuando el que juzga es libre en su fatiga. El juicio, dijimos, consiste en la unión del presente al pasado y al futuro; es decir, el juez alarga el presente. Si mis lectores recuerdan aún lo que hemos dicho acerca de la diferencia entre el género y la especie, podrán pensar también que el juicio convierte la especie en el género; y, por tanto, busca lo que el hecho fue antes y será después, su generación, en suma, como generado y como generador. El presente forma, pues, una parte de lo que se busca como un fotograma forma una parte del *film*. El problema se plantea en los términos siguientes: *dada una parte hallar la otra.* No es menester de mayor explicación para desvanecer la leyenda del *juicio sintético:* si fuera sintético, el juicio, dadas las partes, buscaría el todo.

••••

Es decir que el todo constituye el *medio para juzgar* y no el *resultado del juzgar:* una parte no puede determinarse sin el conocimiento de dos términos: la otra y el todo. Los hombres, para juzgar, necesitan, pues, ver el todo. Así se aclara una vez más la necesidad de la prudencia predicada con la enérgica admonición del evangelio: ¿cómo juzgará quien no ve el todo? El mismo maestro dijo también: ¿cómo puede un ciego guiar a otro ciego? Como quiera, la fuente del juicio es el *sentido del todo;* el sentido, diremos, y no el conocimiento, porque del todo no puede tenerse más que la intuición. El *orden,* podemos decir, en lugar del todo para indicar su cualidad, que es su bondad, por la cual cada causa tiene su propia consecuencia y no hay ninguna otra causa que tenga la misma consecuencia como no hay otra consecuencia que tenga la misma causa. Ahora bien, el *sentido del orden* es el *sentido de lo bueno;* así aflora la importancia del *buen sentido* como medio indispensable para juzgar.

Y así se vuelve la fatiga del juez cuando no tiene sus manos ligadas. La libertad de juzgar no es más que facultad de arreglarse según el buen sentido. Cuando el juicio histórico acerca de la existencia del delito logra un resultado positivo, el juez, aunque sin darse cuenta del mecanismo lógico y metalógico, no hace más que buscar el otro término de la fórmula algebraica que veremos más tarde: d (delito) + p (pena) = 0; es decir determina la pena que, según su buen sentido, equivale al delito; pero ¿cómo se logra, dada una cantidad, su cantidad equivalente sin conocer el todo? El buen sentido constituye así, el presupuesto y, al mismo tiempo, el secreto por no decir el misterio del juicio.

Que, al contrario, las manos del juez estén ligadas y, por lo tanto, el juez no sea libre de juzgar según su buen sentido, quiere decir que *en lugar del orden obra en el juicio la ley.*

Aquí el jurista, o genéricamente el pensador no puede eludir el problema de la relación entre la ley y el orden. Naturalmente, todavía, un parangón. ¿Qué es el todo: la luz o los colores? Las leyes son al orden como los colores a la luz o como los sonidos al silencio. De la misma manera que los hombres no pueden descubrir todas las leyes, en las cuales se descompone el orden, tampoco llegan a descubrir todos los sonidos o los colores que resultan de la ruptura del silencio o de la luz. Bastaría para demostrarlo, la experiencia de que no hay ley sin excepción; ahora la excepción no es menos que una ley, que nuestros pobres ojos no llegan a ver, como el infrarrojo o el ultra-violeta.

Los juristas, por lo demás, han intuido desde el principio esta verdad distinguiendo el *ius* y la *aequitas* y concibiendo esta última cual una justicia que no se deja formular en una ley. El juez, por tanto, cuando debe juzgar según la ley, no puede adaptar exactamente la consecuencia a la causa sino que debe atribuir a la causa una consecuencia, que no es su consecuencia; y a la consecuencia una causa que no es su causa. En estos términos el análisis del juicio explica el drama del Derecho. El Derecho tiene necesidad de la ley para guiar a los hombres; pero la ley le estorba para juzgarlos.

Entonces el juicio descubre la lucha que se oculta en el Derecho. ¿La descubre y también la compone? He aquí la raíz del problema.

Teóricamente, la contestación puede ser afirmativa. Teóricamente el juez se califica como un servidor de la ley. El legislador está sobre y bajo el juez: *Dura lex sed lex.* Este es el papel.

¿Y también la vida? En la realidad de la vida la lucha del hecho con la ley se convierte en la lucha entre el juez y el legislador. Ahora que el segundo esté arriba y el primero abajo es más apariencia que realidad. En verdad, como el Derecho culmina en el juicio, así el juez termina por juzgar también al legislador. ¡Cuántas veces, sobre todo en los procesos correccionales, mi imaginación colocó delante del juez al legislador al lado del inculpado! Y cuando el legislador no logra disculparse, el juicio acaba con su condena. Hay naturalmente jueces y jueces; no todos tienen hoy el corazón del *praetor* romano; sin embargo, un juicio que no contenga una dosis, grande o pequeña, de corrección de la ley no es frecuente. Esta santa superchería, casi nunca se deja ver porque el juez recurre a la astucia de enmascararla con el juicio histórico: no pudiendo rebelarse a la ley, se rebela a la historia.

Así el Derecho verdaderamente culmina en el juicio no solamente porque sin juicio no podría la ley obrar sino, más profundamente, porque sólo en el juicio puede componerse la lucha de la ley y del hecho. El legislador tiene las enseñas de soberanía; pero el juez tiene sus llaves. ¡Tan cierto es que la ciencia del Derecho no puede reducirse a nomología!

¿Qué es la sanción?

Tratando de explicar la diferencia entre leyes naturales y leyes jurídicas hemos visto que estas segundas no se limitan a la representación de la ley moral sino que se esfuerzan en juntar a la consecuencia natural del hecho una consecuencia artificial; el hombre que mata a otro hombre sufrirá no solamente los tormentos de su conciencia, sino también un cierto mal, que llamamos la pena. El juez, precisamente, al constatar que el delito existió, establece la pena. Pero no basta establecerla, al menos en la mayoría de los casos; después de haberla establecido, es necesario que sea infligida: no basta, en suma, la condena a muerte si no se mata al asesino.

Si el Derecho, pues, culmina en el juicio, no acaba todavía, al menos, no parece acabar con ello; el ejemplo, en verdad, de la condena a muerte perfila, al lado del juez, la hosca figura del verdugo. Y así el Derecho que, con el juicio, nos pareció ascender a las serenas regiones de la luz, ahora se diría que desciende a las profundidades de la sombra. Veremos si esta bajada no halla su significación en el descendimiento de Jesús al infierno después de su resurrección.

La sospecha, acaso, de que la tristeza de la pena no sea más que apariencia, aflora otra vez desde la palabra. *Sanción,* dicen los juristas. ¡La misma raíz que *santo*! Hay verdaderamente algo de misterioso en esta coincidencia. Antiguamente el reo se llamaba *sacer,* como una cosa consagrada a Dios. En la venganza de Dios se pensaba entonces; y al verdugo se lo consideraba el representante de Dios, que se vengaba. El error no estaba en mezclar a Dios con estas cosas; llegará más tarde Jesús a confirmar que él se ocupa inicialmente de los pecadores; solamente se invirtió, desde entonces, el concepto de Dios. Y, al llegar a este punto, debemos detenernos.

Esto es, detengámonos a considerar la sanción como una medida que asegura el juicio. Si la buena voluntad abundase en el mundo, no sería menester otra cosa además del juicio; como el proceso mismo sería superfluo si todos los hombres supiesen lo que deben saber. Justamente para poner remedio al defecto del pensamiento sirve la balanza; y al defecto de buena voluntad sirve la espada. Aquélla representa el *animus* y ésta el *habeas* del Derecho.

Los juristas, en el tiempo de mi noviciado, conocían dos tipos de sanción, que llamaban *ejecución* y *pena.* Aquella tentativa de teoría general, que se contiene en el primer volumen de mis *Lecciones de Derecho Procesal Civil* y que sirvió de armadura para la construcción del edificio que debía surgir más tarde; no pudo hacer otra cosa que conformarse con esta clasificación. Pero, reflexionando, bastaba observar que de ejecución se habla también en cuanto a la pena para convencerse de que el binomio, así formulado, no puede ser exacto. No tardé, pues, en darme cuenta de que en el puesto de ejecución debía colocarse la *restitución:* restitución y pena son verdaderamente las dos especies del género sanción. Pero las palabras no contienen más que la semilla de una intuición, que debemos desarrollar para comprender, a la vez, el *genus proximum* y la *differentia specifica* de estos dos conceptos.

Sobre este terreno vengo trabajando al menos desde hace treinta años. El primer paso fue la distinción estructural que se lee en mis *Lecciones* mencionadas, fundada sobre el elemento del interés: la restitución sacrifica el mismo interés que el Derecho tutela y la pena, al contrario, un interés diverso. Un paso; pero nada más. El fondo, todavía, quedaba lejos. Para lograrlo necesitaba excavar desde otro lado.

Cuando, luego, comprendí que también sobre este tema la función prevalece sobre la estructura, no supe decir sino que el carácter de la restitución es *satisfactivo,* y *aflictivo* el de la pena: modo de pensar tan corriente como superficial. Y ¿por qué esta diferencia? El porqué no podía descubrirse mientras yo continuara fijando mi atención en la restitución antes que en la pena. No olvidéis que yo anclé en las riberas del Derecho Penal después de largo vagar a través de las tierras del Derecho Civil: una cosa semejante al arribo desde el viejo al nuevo continente. Un día, la más extraña de mis aventuras académicas hizo abrirse de un golpe sobre el árbol de mi pensamiento una yema brotada en los tiempos de mi juventud y, desde entonces, el problema de la pena dominó mi trabajo. Así pude comprender que mientras observaba el concepto de la sanción bajo el perfil de la sombra no podía revelarse su secreto.

¿El lado de la pena sería, pues, el lado de la luz? ¡Otra sorpresa! Aun en mi patria, más de un jurista acogió una afirmación análoga con cierta ironía. Y, ¿cómo no si el sector de la pena se asemeja al infierno del Derecho? ¡Siempre la concepción optimista del Derecho Civil y la concepción pesimista del Derecho Penal! Cuando los juristas piensan en la restitución no ven más que la cara alegre del acreedor que recuperó su dinero; y en cuanto a la pena no logran ver más que la cruz del condenado llorando en su prisión.

De esa superficialidad de observación no tardé, verdaderamente, en darme cuenta, en lo que atañe a la sanción civil, desde mi primera tentativa de teoría general, hace casi treinta años, cuando reflexioné que si el acreedor goza, el deudor sufre en virtud de la restitución; el dinero que gana aquél se saca al segundo; no hay, pues, solamente sonrisas sino lágrimas también en la ejecución civil: el Derecho, en el campo civil, lo que saca al deudor, lo entrega al acreedor. Sin embargo, ¿dónde está la raíz de esta unilateralidad por la cual los juristas no miran más que la cara de la moneda? ¿No será, acaso, la satisfacción de ver, además del lado pasivo también el lado activo del fenómeno, es decir de tocar con su mano el éxito del Derecho? Este éxito es total cuando el acreedor consigue, precisamente, la cosa, que constituye el objeto de su Derecho; lo que se llama el resarcimiento del daño no es, muchas veces, más que un medio éxito; sin embargo, son raros los casos, en los cuales el acreedor queda con las manos vacías.

Muy diversamente aparecen las cosas en el otro sector, donde no hay más que lágrimas y ninguna sonrisa: si el condenado sufre, ¿quién goza? En este caso la moneda no muestra más que la cruz y de aquí brota el modo corriente de presentar la distinción: función satisfactiva de la sanción civil y aflictiva de la pena.

Debía decirse que en el campo civil el Derecho llega al término de la dificultad, en la mayoría de los casos, restableciendo la situación según sus normas; pero el Derecho Penal no tiene los mismos recursos. En suma, el civil gana y el penal pierde su partida. Y si nuestra mirada no pudiese llegar más lejos, también la partida de la ciencia del Derecho podría considerarse perdida.

A esta altura del camino, la situación sería la siguiente: en materia civil la sanción es preventiva y represiva, y tan sólo preventiva en materia penal.

Los civilistas, como dije, concentran la atención sobre el lado represivo, que se manifiesta quitando la cosa al que no debe tenerla y entregándola al otro, al cual le corresponde gozarla. Así el Derecho reprime el acto contrario a sus normas acordando lo que existe y lo que debe existir. Pero el acuerdo no es y no puede ser perfecto por causa de la irreversibilidad del tiempo, es decir de la imposibilidad de que el hecho no sea hecho: no pudiendo la restitución ser retroactiva, se busca poner remedio a esta imperfección con el resarcimiento del daño. Al lado de esta función represiva, más o menos plena, se pone la función preventiva de la restitución, afirmada con mayor o menor claridad en el plano científico, pero siempre reconocida por el sentido común: el miedo del resarcimiento del daño obra inevitablemente como impulso contrario al incumplimiento de la obligación y la restitución misma, en su pureza, implicando la inutilidad del esfuerzo cumplido para procurarse lo que se debe restituir, desaconseja para el futuro un esfuerzo semejante.

La materia penal, al contrario, no consiente a la sanción la tarea de restablecer el *status quo ante* y, por tanto, su función represiva. Aquí vale la sabiduría de Séneca: *nemo prudens punit quia peccatum est sed ne peccetur*. El pecado, después que existió, no puede borrarse del mundo. Todo lo que puede lograrse es que no exista un nuevo pecado. Las cosas pueden restituirse; pero no los actos. No hay restitución en este aspecto de la vida. Así, a la función represiva de la sanción civil se contrapone la función preventiva de la penal. Y los juristas se quedan en esa contradicción.

¿Es posible? ¿El Derecho Civil sirve no tan sólo para prevenir sino para reprimir el mal y el penal no sirve más que para prevenirlo? Una cruz sin cara no es una moneda. Se diría que el derecho impotente para la represión no sea Derecho; a lo más, una mitad de derecho.

Es por eso por lo que el pensamiento de Séneca halla una invencible resistencia en lo que podría llamarse el sentido común de los juristas. Aquí, probablemente, se desprendieron la ciencia y la sabiduría. La ciencia, dicen, debe ser esencialmente positiva: no cree lo que no ve; y lo que se ve es que *factum infectum fieri nequit.*

Lo que existió no puede no existir. La *restitutio in integrum* es ficción, no verdad. Por tanto, no habrían podido los secuaces de la escuela positiva sobrepasar los límites de la prevención sin renegar de su positivismo. Sin embargo, no creo equivocarme individualizando su talón de Aquiles en esta limitación. Contra la concepción puramente preventiva de la pena opone el sentido común que si un hombre pudiera matar a la humanidad entera y, por tanto, quedarse solo, su impunidad sería una horrible injusticia. Y no es poco importante que, a este respecto, el sentido común se halle representado por Kant.

Pero desde Kant pudiera esperarse no tan sólo la formulación sino la explicación de esta exigencia. El hombre, que ha quedado solo sobre la tierra, debe ser castigado: la tarea del filósofo es la de aclararnos por qué. ¿Para extinguir la humanidad? Si la desaparición de todos los demás es un mal, el que también el último deba desaparecer aumentará el mal en lugar de disminuirlo. Aquí está la falta de la fórmula grociana: *malum passionis ob malum actionis;* dos males son más que un mal solo; y no puede demostrarse que el mal sea un remedio contra el mal. ¡Maldita superstición, legitimada desgraciadamente por aquellos filósofos, quienes, ilusionados en que la negación de la negación sea una afirmación y, por tanto, que la pena obre negando el delito, cayeron en la más peligrosa de las trampas, que el demonio haya tendido al pensamiento del hombre! Puesto que la negación se expresa matemáticamente con el número negativo, se querría saber ¡qué matemático sea capaz de sacar de la adición de dos números negativos una cantidad positiva! ¡No le falta razón al famoso jefe de los idealistas italianos cuando no reconoce al numerar carácter de razonamiento!

Manifiestamente, si la eficacia represiva de la pena debe explicarse, uno de los dos términos, delito y pena, necesita ser contrario del otro en el orden de la positividad y de la negatividad. Si el primero se indica con d y el segundo con p, la represión o, más francamente, la anulación del delito no puede explicarse más que con el símbolo de una de las dos fórmulas siguientes: $(+d) + (-p) = 0$; o, diversamente, $(-d) + (+p) = 0$.

El problema es el de elegir la primera o la segunda.

Lógicamente el problema no se resuelve sin establecer dónde está la negación entre el delito y la pena. Es decir: dónde está el ser y dónde el no ser.

No hay duda de que el delito sea un mal. Y no es menester de otra premisa para saberse orientar después que San Agustín, uno de los más pridigiosos pensadores de todos los tiempos, formuló la identidad del mal y del no ser. El primero de los dos términos del binomio toma, pues, carácter negativo. En efecto, el delito niega la libertad, si esta augusta palabra se emplea en su verdadero sentido: libre no es el hombre, que puede hacer lo que le gusta, sino el que tiene el poder de hacer lo que no le gusta. Ahora bien, si el delito se representa con una cantidad negativa, la fórmula algebraica de la función represiva de la pena no puede ser más que la segunda: $(-d) + (+p) = 0$. Por tanto, la proposición de Grocio más que rectificarse debe invertirse: ¿en lugar de *malum passionis ob malum actionis* la pena podrá definirse como *bonum passionis propter malum actionis*?

Aquí se aferra la diferencia entre el tiempo de Séneca y el nuestro: *in medio stat Christus.*

Sin duda la pena es dolorosa. Si no fuese dolorosa no sería pena. Pero si dolor y mal fueran lo mismo ¿cómo podría explicarse que el padre, amando a su hijo, quiera su bien y castigándolo le procure un mal? Parece imposible que el equívoco de Grocio haya dominado y continúe dominando el pensamiento de tantos juristas de primera fuerza respecto al problema de la pena. Alguna vez lo que le falta a la ciencia es un poco de humildad. El argumento del padre y del hijo y del dolor y de la utilidad del castigo no tiene, ciertamente, la dignidad de una austera reflexión científica; veamos, todavía, si no sirve para desatar un nudo que solamente la grosería de nuestras manos pudo dejar no resuelto.

El dolor de la pena puede ser físico o espiritual. Ciertamente el progreso del Derecho Penal sigue el camino que conduce desde el primero hacia el segundo. Por tanto, el sistema punitivo se orienta siempre más seguro hacia la reclusión como forma esencial de la pena. ¿Por qué los penalistas no investigan el dolor de la reclusión? En efecto, el estudio de la pena y, en particular, de esta forma de pena se deja a una especie de ciencia inferior que llamamos ciencia penitenciaria; algo intermedio entre la ciencia y la técnica; y la misma se limita, por lo demás, a una descripción del ordenamiento carcelario sin ninguna tentativa de penetración en su problema espiritual. Pero, al contrario, no es sino en este problema donde se oculta el secreto de la ciencia jurídica penal.

Si la reclusión se considera bajo el aspecto de la estructura, podemos primeramente definirla como una medida de aislamiento. Una isla está separada del resto de la tierra. Se corta la comunicación entre el recluso y los demás. Los demás, se entiende, que forman el ambiente de su vida: su padre, su madre, su mujer, su marido, sus hijos, sus amigos. Quien reflexione que la mujer es, como se dice, la mitad del marido, y los hijos todavía más de la mitad del padre, llegará a definir la reclusión como una mutilación. Ahora bien, de la misma manera que el mutilado siente el dolor del miembro de no tiene ya, así el recluso siente el dolor de sus seres queridos, de los que ya no puede gozar. Nada mejor que el alejamiento aproxima al espíritu aquellos a quienes queremos.

El segundo aspecto de la reclusión es la humillación. El recluso deja de sentirse un hombre. El signo del hombre es el nombre; y el recluso no tiene ya nombre. La esencia del hombre es la individualidad; y el recluso no tiene ya individualidad. La necesidad del hombre es hablar; y el recluso debe callar.

Reflexionemos. El delito es falta de amor: a los demás y así mismo. Aun a sí mismo; a propósito de lo cual se debería apreciar la profunda significación del *caritas incipit ab ego.* Se quita al reo todo lo que no amó; los otros y él mismo. Por tanto, el recluso es verdaderamente un mutilado, hasta de sí mismo. Y poco a poco, cada vez más, cada vez más, acaba por querer lo que ya no posee, los otros y él mismo.

Así, pues, mientras la restitución no quita algo a un hombre sino para entregar a otro lo que quitó al primero; la pena no hace más que quitar, se revela como mera apariencia. En verdad también la pena quita para dar. La diferencia concierne solamente al beneficiado que, para la primera, es otro hombre y para la segunda el mismo que padece la sanción. ¿Se comprende ahora, la significación de las palabras, que forman la *manchette* de mi librito sobre el problema de la pena? *No para quitar sino para procurar la libertad sirve la pena.*

Y pues la pena sirve para procurar la *plenitudo hominis,* que es la libertad, no necesito explicar, además, su carácter esencialmente positivo. No lo contrario, sino la negación de la libertad es la *necesidad* en su significación originaria y pura de insuficiencia y, por tanto, de no ser (*nec esse*). Así, la forma penal descubre, incomparablemente mejor que la forma civil de la sanción, la función y, con ella, la naturaleza del Derecho como el puente para superar el abismo, que separa la economía y la moral, siendo la primera el reino de la necesidad y la segunda el reino de la libertad.

Ciertamente hay aquí una visión optimista del Derecho en su aspecto más alto, que es el Derecho Penal. La función de la pena, tal como la expliqué, se refiere más bien al Derecho como debería ser, que no como es. Yo hago, como decimos entre nosotros los juristas, *ius condendum* más que *ius conditum*. De acuerdo. No tan sólo el Estado no puede regirse sin armadura sino que la armadura es todavía sumamente imperfecta. A la izquierda, próximo a la ribera de la economía, el trabajo está más adelantado; a la derecha, cerca de la ribera de la moral, estamos todavía muy atrasados. Los hombres cuidan siempre más el *haber* que el *ser* y, por tanto, el mecanismo penal está increíblemente atrasado respecto del mecanismo civil.

La razón del atraso concierne, precisamente, a nuestra ignorancia acerca de la función penal. Si la evolución de la pena se desarrolla en el sentido de sustituir al sufrimiento físico con el sufrimiento espiritual, los instrumentos penales en la segunda fase son todavía los mismos que los de la primera. En una palabra, el problema de la pena, que debería resolverse en el de la reclusión, continúa considerándose como un problema zoológico en lugar de como un problema espiritual. La prisión se concibe como la jaula de una bestia más bien que como la celda de una monje. Y los custodios creen de buena fe haber cumplido su tarea cuando impidieron la huída y la muerte de los prisioneros sin sospechar en lo más mínimo que el sustento más necesario a estos desgraciados no es el pan para el cuerpo sino el pan para el espíritu.

¿Cómo se llama, pues, el pan del espíritu? Y, ¿a quién no le viene a la mente, aquí, el sacramento, que consagra el amor de Dios en la forma del más puro alimento corporal? Así la sanción punitiva, en apariencia severa y cruel, revela su verdad profundamente misericordiosa. El Derecho debe castigar; pero no como el verdugo, que goza viendo sufrir al condenado, sino como el padre que alcanza, por procurar dolor a su hijo, la cumbre del amor. Y la sombra del

Derecho, que parece ser la pena, se viste poco a poco con los suaves colores de la aurora.

He aquí que la pena, que parecía y desgraciadamente todavía constituye la inferioridad del Derecho, viene, por el contrario, a hallarse en su punto más alto. Todos los aspectos del mundo quedan trastrocados cuando los hombres logran abrir sus ojos. Mientras el civil manifiesta la corporeidad el penal revela la espiritualidad del Derecho. Y la humanidad, también en este sector de su vida, asciende lentamente el camino desde el cuerpo hacia el espíritu.

El Derecho, dijimos, es un subrogado de la libertad. Como tal debería procurar a los hombres, dentro de los límites del subrogado, el mismo bien que la libertad. Este bien es la paz. Pero la paz procurada mediante el Derecho no es más que un subrogado de la verdadera paz. Este carácter de subrogado particularmente se manifiesta cuando el Derecho obra, en la materia civil, con la restitución: si el deudor, que paga al acreedor, inclina la cabeza, frecuentemente no ve el momento de poderla levantar y, así, de volver a comenzar la guerra. Sobre el terreno de la economía lo que creemos paz merece más verdaderamente el nombre de tregua. Aquí, todavía, la naturaleza de la sanción no es más que fuerza. Y cuando en el blasón del Derecho la espada figura al lado de la balanza, la representación no carece de verdad.

Pero cuando pasamos a la región de la pena el paisaje cambia de aspecto. Hablo, naturalmente, del Derecho no como es sino como debe ser. Mientras la restitución procura dinero ¿qué procura o, al menos, trata de procurar la pena? En esta pregunta culmina el problema de la sanción. La diferencia se expresa oponiendo, como vimos, el pan del cuerpo al pan del espíritu. Por el contrario, en lugar de precipitarse en la sombra, el Derecho asciende por la pena a la luz. Y en lugar de la fuerza algo de diverso sirve para garantizar el juicio. Intentaremos ahora mirar en el fuego de esta luz para ver lo que ocupa el lugar de la fuerza. Ahora ya puede dudarse de que el escudo del Derecho, donde al lado de la balanza figura la espada, represente más bien el Derecho del pasado que el Derecho del porvenir.

¿Qué es el deber?

¿Qué son el Derecho, la ley, el hecho, el juicio, la sanción? Algo se ha contestado a estas preguntas. Algo, sin embargo, queda incógnito; y bajo la *consecutio necessaria* de un segundo hecho al primero que descubre la ley ¿qué se encuentra? La ley no tiene, en último análisis, más que un contenido descriptivo de lo que acaece; sin embargo, ¿por qué acaece? No se necesita más que la impresión de esta última pregunta para advertir que aquí debería tocarse, si es posible, el fondo de la investigación.

Pero la ley no dice tan sólo que dos hechos se siguen cuanto que se siguen *necesariamente.* Lo mismo que la primera, así la última de nuestras meditaciones nos ofrece ocasión de contemplar una de las palabras más llenas de fuerza intuitiva que tiene el idioma latino o cualquiera de sus hijos neolatinos. *Necesidad* deriva, sin duda, de *nec esse*: no ser. A primera vista no se ve nada. Así acaece siempre cuando la luz es excesiva. Y el ser emana demasiado esplendor aun cuando se presenta en forma negativa, bajo el aspecto del no ser.

Debemos, sin embargo, para tratar de comprender, tener el valor de mirar fijamente el sol. Dios, cuando Moisés le preguntó ¿y cómo te llamas, Señor?, contestaba: *yo soy El que es. El que es.* Parece una tautología. ¿Cada uno de nosotros es el que es, verdaderamente? Cada uno de nosotros *es el que es y no es el que no es.* Un hombre es aquel hombre, mas no otro hombre. No *esse,* sino *esse et non esse* es la verdad del hombre y, por lo demás, de todas las cosas. Un caballo no es un perro. Una rosa no es una violeta. Yo no soy tú. Dios sólo *es sin no ser.* Sólo Dios es no solamente las cosas, es decir todo lo creado, sino todo lo creado y lo no creado. Es decir: Dios es el todo, y el hombre o cualquiera otra cosa es una parte.

Necesidad, pues, se llama a la condición de la parte.

Parte. He aquí, todavía, una palabra que, ante todo, los juristas emplean continuamente sin tener, parece, el tiempo necesario para detenerse un poco a considerarla. Parte se llama para nosotros el vendedor y el comprador, el acreedor y el deudor, el marido y la mujer, el acusador y el defensor. Esta noción no es tan natural que parece tiempo perdido el empleado para explicarla. Pero, ¿por qué el vendedor y el comprador, el acreedor y el deudor, el marido y la mujer, el acusador y el defensor, se llaman partes?

Yo no sé lo que piensan los glotólogos también del origen de esta palabra. Según mis noticias, ni siquiera el parentesco entre *pars* y *pario*, más que entre *ius* y *iungo*, ha sido, todavía, descubierto con la ayuda del microscopio o del telescopio. Pero mi razón me guía a comprender que siendo la parte el resultado de una división del todo, el todo la engendra (*parit*); y no por otra razón la parte es *poco* (*parum*) o *pequeña* (*parva*) respecto al todo. ¿Por qué, si el hombre no fuera creado por el todo, se llamaría parte?

Una cosa es parte en cuanto tiene otra parte frente a sí misma. Sola, una parte, no puede existir. Las partes son dos. No hay acreedor sin deudor, ni marido sin mujer, ni debería haber acusado sin defensor. No tan sólo las partes son dos, sino que también son opuestas: *frente*, es decir, *contra*. El contraste parece su destino. Hablando, sin embargo, con un poco más de prudencia diremos, en el sentido de VICO, su naturaleza.

¿Y por qué esta naturaleza? Un estudioso no puede quedarse con sus *por qué*, Frente la una a la otra. ¿Hay, pues, una frontera entre las dos? ¡Ah! ¡cómo se gusta, ahora, este concepto! Italia y Francia, Francia y Alemania, Alemania y Rusia; en medio, las fronteras. ¿Defensa o sufrimiento? La naturaleza de la parte es el límite; y, sin embargo, tiene el destino de superarla. La parte, en una palabra, está en prisión. Y lo que anhela el prisionero se llama libertad.

Aquí, por el momento, un sentido de libertad que nos sirve para ligarla a la necesidad.

La necesidad, pues, es la condición de la parte. Ser y no ser. Una parte es ella misma y no la otra parte. Pero necesita no ser solamente ella misma. La que la necesita es justamente la otra parte. El sentido de angustia, que es como la amargura de esta palabra, descubre el sufrimiento de la parte por no ser todo.

Ahora se comprende el deber ser, en el cual consiste la relación de los dos hechos juntos en la ley. Ligando lo dos hechos, la ley disminuye la insuficiencia de la parte. El deber ser expresa la tendencia de la parte hacia su cumplimiento.

Los hombres, dijimos, son partes. Si los que cultivan otras regiones de la ciencia, incluso los filósofos, pueden ilusionarse acerca de este sujeto, no sucede lo mismo con los juristas, al menos si ponen atención en su modo de hablar. Ni los biólogos ni los filósofos mismos llaman parte al hombre; sin embargo, para el jurista ésta es la palabra.

Ahora bien, la de ser parte es la infelicidad del hombre. Y expresar, sin reservas, esta infelicidad es el verdadero mérito de la filosofía más moderna, a la cual, justamente, se da el nombre de existencialismo, no significando propiamente *existencia* más que el ser de la parte. Sin embargo, su error está en cultivar la desesperación en lugar de la esperanza. El hombre habita en una prisión; mas no hay prisionero que no se pueda evadir. El sendero de la evasión toma el nombre de *deber*.

¡La última sorpresa! El deber, hasta aquí, se ha concebido como una sujeción, no como una liberación. El vínculo aparece como elemento fundamental de la obligación, desde la famosa definición romana. De acuerdo. Los hombres no pueden ver el mundo sino invertido. Este es el resultado de ver en el espejo, como dijo San Pablo. Sin embargo razonando se acaba por comprender que el espejo invierte lo que refleja.

En el fondo ésta es la verdad que expresé, en el capítulo precedente, al hablar de la pena, que no sirve para quitar sino para procurar la libertad.

¿Se liga, pues, a los hombres para liberarlos? Aquí se revela la sublime contradicción del Derecho. Al prisionero, que no sabe evadirse, lo liberan, mediante la fuerza, sus amigos. La constricción para la libertad: ¡una paradoja! Pero la paradoja no es más que excesiva verdad; excesiva para los hombres, a quienes también la verdad, más bien la verdad ante todo, debe suministrarse poco a poco.

Naturalmente, los juristas, a lo largo de siglos y siglos, no comprendieron nada del Derecho. Los hombres navegaron siglos y siglos antes de haber descubierto el secreto de la navegación. Los hombres veían que el navío flotaba, aun cargado, y navegaban. De la misma manera veían que ligando las manos de los que, cuando no estaban ligados, se arrojaban el uno contra el otro, podía lograrse algo semejante a la paz; y las manos fueron ligadas. El jurista supo que ligándolas se obtenía este resultado, como el navegante supo que, fabricando el navío, se podía atravesar el mar. Y los juristas, como los navegantes, no se cuidaron de otra cosa.

Así se formó el concepto del deber como comprensión en lugar de cómo expansión de la personalidad. Es decir, el deber se concibió como la proyección del mandato. En lugar de que el concepto de la moral dominase al del Derecho, el segundo dominó al primero. Y así como los hombres formaron la idea de Dios en la idea de sí mismo, así también sujetaron la moral a un proceso de juridificación. El clásico ejemplo de esta necesidad, es decir, de esta insuficiencia de nuestro espíritu, se ve en la *Crítica de la razón práctica,* donde nada menos que KANT no pudo concebir, sin el imperativo categórico, el deber moral; tampoco para este gran pensador deber y mando pueden separarse;

y de la misma manera que el mando determina una restricción, el deber moral, al igual que el deber jurídico, se resuelve en las manos ligadas. Se pregunta ¡cómo esta concepción pueda estar de acuerdo con la moral como reino de la libertad!

Así el deber es el elemento fundamental del Derecho, porque es su elemento unitivo. Y la diferencia entre Derecho y moral concierne a la fuerza, de donde procede el deber: *ab extra* o *ab intra.* Precisamente porque también para los filósofos la moral es juridificada se habla, en su campo, de autonomía, es decir, de autocomando; el imperativo categórico representa el prototipo de esta figura.

Ahora bien, en cuanto el Derecho, al no poder dejar que el deber se desarrolle espontáneamente, lo impone; para el Derecho y no para la moral al deber corresponde el poder. Tal correlación se encuentra solamente en el reino del Derecho. El deber jurídico depende, mientras el deber moral no depende del poder.

Históricamente, es decir, *causalmente* precede el poder. Es por eso por lo que el primer saber jurídico le reconoce el primado. En el centro de la jurisprudencia romana se encuentra, sin duda, el *ius,* concebido no como el conjunto de las leyes y de los juicios sino como el poder de mandar. Y como lo que los antiguos físicos llamaban la inercia, domina, sobre todo, el campo del saber, también en nuestros tiempos sigue planteándose el sistema sobre un pretendido binomio de *derecho objetivo* y de *derecho subjetivo.*

Ahora bien, prescindiendo de la unilateralidad de esta concepción, que conoce el derecho subjetivo como la sola especie del poder, lo que importa aquí es que a la consideración histórica debe sobreponerse la consideración lógica del fenómeno, y así al plano de la *causalidad* el de la *finalidad.* Cuando, pues, la mirada se desplaza de uno a otro plano, vemos invertirse la relación entre deber y poder; si *causalmente* el deber deriva del poder, *finalmente* el deber domina al otro, puesto que tan sólo para establecer el deber se establece el poder. El poder, en una palabra, es medio y el deber es fin. Solamente porque los hombres no tienen en su espíritu más que un átomo de libertad, no logran cumplir su deber si alguien no provee a mandarlos y castigarlos.

Así se manifiesta la relación entre el deber y el poder: la historia reconoce el primado a éste, y la lógica a aquél. ¿Es, sin embargo, posible tal contraste entre la lógica y la historia?

¿Por qué no? exclamarán los lectores educados en el moderno historicismo. Yo soy antiguo. Yo creo, ingenuamente, en la *historia magistra vitae;* y una historia ilógica no podría enseñar nada. Yo pienso que cuando la historia nos parece contraria a la lógica, el defecto se debe imputar a los historiadores y no a la historia. Y lo que veremos pronto a propósito de la historia del Derecho, me confirma en mi ingenuidad.

Cuando los juristas y, particularmente, los filósofos se preguntan cómo nació el Derecho, la contestación común es que, en un cierto momento, un hombre se pudo a mandar a los otros. Exactamente como cuando a la pregunta de cómo nació un hombre, se contesta que, en un cierto momento, una mujer parió. ¡Cómoda manera de hacer la historia! ¿Y por qué parió? El problema se desplaza del nacimiento del hijo a la concepción. No sería, pues, extraño si se hablase de una concepción del Derecho. Pero, como no se ve al otro, que forma la pareja, se diría que la concepción debe ser inmaculada. Acaso no estuviéramos muy lejos de la verdad.

Cuando el Derecho se concibe como mezcla de justicia y de fuerza, con la balanza y la espada en su blasón, parece que la fuerza de la espada sea la fuerza del Derecho, es decir, su fuente. Pero, reflexionando, no tarda en revelarse el equívoco entre la fuerza *que el Derecho produce* y la fuerza *que produce al Derecho;* la primera es el trabajo del mecanismo, no la energía que la hace mover. La búsqueda se refiere no a por qué las partes deben obedecer al legislador y al juez sino a por qué éste y aquél pueden y deben mandar. *Quis custodiet custodes*? En un cierto momento la cadena de la fuerza se rompe; es decir, que no se logra encontrar ni un primero que manda ni un primero que es mandado. Hay, al cabo, un mandante que manda sin que ningún otro hombre le conceda el poder y le imponga el deber de mandar. Es decir, que el Derecho tiene su raíz en la obediencia y no la obediencia en el Derecho. Una vez más se ve invertido el mundo.

De todas maneras, es verdad. El jefe manda porque obedece; y los ciudadanos obedecen no solamente porque él manda, sino porque mandando obedece. En suma, el miedo puede ser un medio del Derecho, pero no su fuente. Sucede con el Derecho algo semejante a la transformación de la energía; y el ordenamiento jurídico es análogo a esas grandes centrales hidroeléctricas que se ven en los valles de alta montaña, a través del curso de un río: la corriente eléctrica es lo que sale pero no lo que ingresa en el mecanismo. El problema se reduce, en último análisis, a buscar la naturaleza de la fuerza original que el Derecho no crea sino que transforma.

••••

Hay, en un cierto punto de la cadena, un hombre que se ocupa de los otros no porque debe, sino porque *quiere*. Confieso que me encanta esta agudísima intuición del idioma español, que llega a la identidad del verbo para expresar el amor y la voluntad. Este artista anónimo y sumo, que es la muchedumbre del pueblo, comprendió, sin necesidad de guía filosófica, que si la voluntad es la cúspide del espíritu el amor es su cimiento. Y el mismo pueblo, sobre el yunque de los siglos, modeló la fórmula: o por amor o por fuerza, para significar la autonomía o la heteronomía de la acción.

Si al jefe, para que mande a los demás, nadie lo manda, Dios lo manda; fórmula con la cual Dios, según la milagrosa definición del Evangelio, *charitas est*. He aquí la fuente del Derecho, es decir del deber. El río que corre por el fondo del valle de alta montaña, a través del cual se plantea la gran central del Derecho, no es más que el infinito río del amor.

Tan sólo porque los hombres no saben amar, necesitan el miedo. Desgraciadamente, estamos muy atrasados en este camino. Y el Derecho se alimenta más con las aguas de un riachuelo que con las de un río majestuoso. No hay otra razón de la dominante ignorancia acerca de las relaciones entre el deber y la moral, es decir, entre el deber y el amor. Para poner remedio a la exigüidad y, además, a la discontinuidad de la fuente, los ingenieros necesitan acumular la fuerza; y el acumulador nos da la impresión de que el Derecho nace de sí mismo. Pero en un cierto punto, cuando falta el alimento, la fuerza que sale del acumulador se extingue. Nosotros italianos, particularmente, hemos asistido a este espectáculo amonestador: las fuerzas del miedo no son infinitas. Si los juristas supieran ver que la revolución, lejos de estar fuera del Derecho, está bajo el mismo, sus ideas acerca del problema fundamental de la ciencia jurídica serían más claras. Y, sobre todo, se sabría que el imperativo categórico no es otro que el mandamiento extremo de Jesús cuando dejó a sus discípulos para llegar a la muerte.

Ahora bien, es posible que la ley jurídica, la cual, como vimos, no puede explicarse más que por la ley natural, sirva, a su vez, para explicar la ley natural. La ciencia del Derecho, acaso, deudora de sus fundamentos a la ciencia natural, ¿está, pues, en condición de satisfacer su deuda? Me parece probable.

En el fondo, las ciencias naturales no tienen más que un valor descriptivo. Después que el sol surgió debe desaparecer; ¿qué hay aquí más que pura descripción? ¿Y por qué desaparece? Cuando el astrónomo contesta que la tierra gira alrededor del sol, no hace más que cambiar las palabras. ¿Y por qué el sol está inmóvil y la tierra se mueve? El sol debe desaparecer como el hombre debe morir; lo que permanece incógnito es la razón del deber. ¿Y por qué se debe? Los naturalistas no tan sólo no contestan sino que tampoco se formulan esta pregunta.

Naturalmente, lo mismo hacen aquellos filósofos, cuya filosofía se funda sobre las conquistas de las ciencias naturales. A este respecto, no debe olvidarse que la física de NEWTON constituye el pedestal de la filosofía de KANT. Si los hombres no se envanecieran por estas conquistas, ni el criticismo kantiano, ni el idealismo hegeliano, ni el existencialismo heideggeriano hubiesen venido al mundo; más sencillamente, la euforia de los positivistas y de los idealistas no se hubiera precipitado en la filosofía de la angustia, es decir, en la angustia de la filosofía. KANT, ante todo, con su imperativo categórico, no solamente no contesta sino que tampoco se formula la pregunta: ¿y por qué el hombre debe conducirse como si su conducta fuera ley para los demás? El deber, en otras palabras, es para él, como para el naturalista, el término primero. Así se conoce la fuerza que sale desde la central hidroeléctrica, y no aquella que la alimenta.

El deber une los hechos, así como los hombres, que no estén ya unidos. Nuestros pobres ojos, que no logran ver la unión, se ayudan con el deber. El deber, como el Derecho, es un subrogado. La verdad, esa verdad a la que veremos la cara si somos dignos, mientras ahora no podemos verla más que reflejada en el espejo, es la unidad, no la división. El deber es el medio que se ofrece a los hombres para que la división se convierta en unidad. Y la unidad del mundo se llama amor. El amor une a las estrellas del cielo, lo mismo que a los hombres de la tierra, para que puedan formar el orden del mundo. Si el sol queda inmóvil y la tierra gira a su alrededor, la razón de ellos es la misma por la cual la mariposa revolotea sobre las flores del jardín. El mundo es bello y su hermosura es el sello del amor.

El mundo es bello y la tarea del hombre es la de hacer que sea cada vez más bello. Una tarea que lo convierte, verdaderamente, en colaborador de Dios. En lugar de arrodillarse para agradecerle, el hombre acaba por creerse el amo. La verdad del pecado cometido en el nacimiento del mundo es confirmada, si fuera necesario, por el pecado cometido en el Renacimiento, cuando el hombre, una vez más quiso, comer el fruto prohibido. Su soberbia halla la fórmula en la confusión entre *creación* e *invención.* Y, al considerarse creador, el hombre violó el orden del mundo. Los hombres semejan estrellas que, al faltarles su camino, han desordenado el firmamento. Para reconducirlos, poco a poco, sobre el justo camino, la bondad de Dios permitió que inventaran el Derecho.

Y así también la investigación del Derecho *ab intra,* lo mismo que la investigación *ab extra* nos revela los rasgos del Arte.

Cuando examinamos la ley y el hecho, fueron los conceptos de la representación y de la interpretación los que nos llevaron a descubrir la analogía entre el legislador o el juez y, más que el pintor, el músico o el intérprete de sus melodías.

Luego, tratando de penetrar el secreto del juicio y de la sanción y, por tanto, de eliminar la corteza para desnudar la médula del Derecho, se abrió cada vez más claramente a nuestros ojos la maravilla del amor, inesperada y, sin embargo, ineludible sustancia del uno y de la otra. Quedaba todavía sin resolver el problema del cómo y de por qué esta sustancia puede transformarse en Derecho; y también a la última pregunta contestó el análisis del deber.

El Derecho nos pareció, a lo sumo, como una de las formas que toma el amor para obrar entre los hombres. ¿Y no ocurre lo mismo con el Arte? Hace muchos años, hablando de un dilecto discípulo perdido, tuve la ocasión de intuir las relaciones del Arte con la caridad. Más tarde, se me presentó la misma ocasión en cuanto a las relaciones de la gracia y de la justicia. Naturalmente, la primera impresión fue que la gracia estaba fuera y precisamente sobre la justicia, de la misma manera que sobre el Arte está la caridad. Pero el camino continuó, después, guiado por una invisible y bendita mano. Y un día, que fue el día estelar de mi vida (según la frase de Werfel, que me recordó, en una carta inolvidable, mi amigo Couture), Dios me permitió ver, a mi manera, que si el pintor no ama a su modelo, el retrato no vale nada, y si el juez no ama al inculpado, en vano cree alcanzar la justicia. Entonces comprendí que ni la caridad está fuera del Arte ni la gracia fuera del Derecho. Puede ser que el problema del Arte, como el problema del Derecho, desde entonces, en lugar de resolverse se haya convertido en un misterio; pero mi espíritu logró finalmente, la paz.

ARTE DEL DERECHO
de FRANCESCO CARNELUTTI
se imprimió en la República Argentina en enero de 2018

www.ingramcontent.com/pod-product-compliance
Lightning Source LLC
LaVergne TN
LVHW082240051026
849532LV00012B/4071
9789563920758